허가특허연계제도 강해

신혜은 · 정용익 · 박종혁

한국지식재산연구원
Korea Institute of Intellectual Property

머리말

2015.3.15. 의약품 허가특허연계제도가 본격적으로 시행된 지 벌써 3년이 지났다. 당초 우리 정부의 안은 동 제도를 도입하지 않거나, 어쩔 수 없이 도입해야 한다면 통지제도만을 도입하는 것이었다고 한다. 그러나 미국 측의 요청에 따라 판매금지를 위한 조치가 도입되었고, 제약 산업계와의 논의 과정에서 우선판매제도가 도입되었다고 한다. 동 제도의 도입에 대해서는 우려와 기대가 엇갈렸다. 우리나라 제약 산업에 상당한 피해가 초래될 것이라고 우려하는 견해가 있는 반면, 제네릭의 시장진입이 앞당겨지는 결과를 가져올 수 있다는 긍정적 견해도 있었다.

특허권자에 대한 통지부분은 한 · 미 FTA의 발효에 따라 2012.3.15.에 우리나라 제도에 편입되었고, 판매금지를 위한 조치와 우선판매 부분은 3년의 유예를 거쳐 2015년 3월 15일부터 시행되고 있다. 본격 시행으로부터 벌써 3년이 지났지만 한국형 허가특허연계제도는 아직 정착이 진행 중에 있다고 할 수 있다.

동 제도는 미국의 'Hatch-Waxman법'에서 유래한 제도로서, 신약특허권자, 복제약 개발자 및 소비자의 이익을 형평성 있게 조정하도록 설계되었다. 제도의 취지는 바람직하다고 할 수 있고, 처음 설계될 때는 아주 심플하게 설계되었다고 한다. 그러나 시행에 따라 역지불 합의와 같은 문제점들이 나타나기 시작했고, 미국은 2003년에 Medicare Act를 제정함으로써 시행에 따른 문제들을 개선한 바 있다. 그럼에도 불구하고, 역지불 합의나 기타 제도시행에 따라 발생하는 논란은 여전히 진행 중이고, 이를 개선하기 위한 논의 및 입법시도 또한 계속되고 있다고 한다.

필자가 허가특허연계제도 관련 세미나에서 만난 미국 판사들조차도 'Hatch-Waxman법'은 세상에서 가장 어려운 법이라고 말한다. 그와 같은 법으로부터 유래한 허가특허연계제도를 법과 제도가 다른 우리나라에 도입한다는 것은 그 어려움이 처음부터 예견된 것이라고 할 수 있다. 식품의약품안전처는 처음 동 제도를 입안할 때, 무효심판제도, 권리범위확인심판제도라는 우리나라 특유의 특허도전을 고려하고 우리나라 제약산업의 특수성도 고려하여 매우 정교하게 법을 입안한 것으로 알고 있다. 그러나 미국의 시행착오에서도 알 수 있는 바와 같이 실제 시행하는 과정에서 문제들이 나타날 수밖에 없고, 이는 현실적으로 제도를 시행해 나가면서 개선해 나갈 수밖에 없는 부분들이다.

필자들은 현시점에서 허가특허연계제도와 관련된 참고서적의 필요성을 공감하고 공동 집필을 하는 것으로 뜻을 모았다. 각자가 특허법학자, 정책입안자, 변리사로서의 경험을 살려 허가특허연계제도 전반에 대해 참고할 수 있으면서도 향후 동 제도가 나아갈 방향성을 제안할 수 있도록 전문서를 집필한다는 것이다. 마침 지식재산연구원의 전문도서발간 지원사업의 도움을 받아 집필과 출판을 완성할 수 있었다. 이 책이 나오기까지 도움을 주신 지식재산연구원과 세창출판사 관계자 분들께 감사의 인사를 전한다.

지면의 한계, 시간의 한계 등 여러 사정으로 처음 의도했던 결과물을 내어놓지는 못한 것 같아 아쉬움이 있다. 그러나 부족한 부분에 대해서는 향후 추가 연구를 계속해 나갈 것을 약속드린다. 이 책이 허가특허연계제도를 이해하는 참고서적으로서의 역할을 할 수 있기를 바란다. 나아가 한국형 허가특허연계제도가 정착하는 데 미력하나마 도움이 될 수 있다면 필자들로서는 더 이상의 기쁨이 없을 것이다.

2018.11.

집필자를 대표하여

충북대학교 법학전문대학원 교수 신혜은

차 례

제4장

허가특허연계제도하에서의 특허심판의 특수성

제1장

의약품 일반론

제1절 의약품의 개념 및 특징

1. 의약품의 정의

의약품이 무엇인가에 대하여는 시대와 문화, 목적에 따라 다를 수 있지만, 일반적으로는 기능을 중심으로[1] "병이나 상처 따위를 고치거나 예방하기 위하여 먹거나 바르거나 주사하는 물질"[2]로 정의될 수 있다. 이에 반해, 약사법은 시장에서 생산 · 유통되는 제품으로서의 의약품을 관리한다는 측면에서 그 규율 대상을 설명하는 방식으로 정의하고 있다. 이에 의하면 기능적으로는 의약품이라고 볼 수 없는 경우라도 그 물품을 구성하는 성분, 표시된 목적, 판매할 때의 설명 등을 종합적으로 판단하여 의약품으로 인식되고 관리할 필요성이 있는 경우라면 실제 약효 유무와 관계없이 의약품으로 취급되어야 하며,[3] 판례도 동일한 입장을 취하고 있는 것으로 보인다.[4]

1) 기능론적 관점이라고 한다. 이에 따르면 의약품은 질병 치료 목적으로 사용하거나 약리학적 영향을 줄 목적으로 사용하는 물품만으로는 충분하지 않고 실제로 질병의 치료에 효과가 있거나 약리학적 영향을 주는 물품인 경우에 비로소 의약품이 된다[유대규, 문답으로 이해하는 약사법, (주)케이에스센세이션, 2018, 43쪽 하단].

2) 국립국어원 표준국어대사전 http://stdweb2.korean.go.kr/search/List_dic.jsp (2018년 5월 22일 접속).

3) 인식론적 관점이라고 한다. 이에 따르면 '실제 약효 유무와 관계없이' 의약품이 될 수 있고, '사회 일반인의 인식'이라는 불확정 기준을 가지고 있음에도 불구하고 관리가능한 대상으로의 의약품을 정의하는 것에서는 유의미하고 타당하다고 볼 것이다[유대규, 문답으로 이해하는 약사법, (주)케이에스센세이션, 2018, 44쪽 상단].

4) 약사법의 규제 대상이 되는 의약품의 개념과 판단 기준(대법원 2007.6.28. 선고, 2006도3468 판결).

약사법에서는 제2조(정의)에서 살펴보듯이 세 가지 방식으로 의약품[5]을 규율하고 있다. 먼저 대한민국약전(大韓民國藥典)[6]에 실린 물품 중 의약외품[7]이 아닌 것이다. 약전에는 일반적으로 널리 알

약사법의 입법목적과 취지 그리고 의약품을 정의한 약사법 제2조 제4호의 규정내용과 그 취지에 비추어 보면, 약사법에서 말하는 의약품은 제2조 제4항 제1호의 대한약전에 수재된 것 외에 사람 또는 동물의 질병의 진단, 경감, 처치 또는 예방에 사용됨을 목적으로 하는 것이거나 혹은 사람 또는 동물의 신체의 구조 또는 기능에 약리적 기능을 미치게 하는 것이 목적으로 되어 있는 것을 모두 포함하는 개념이라고 할 것이고, 의약품에 해당하는지 여부는 반드시 약리작용상 어떠한 효능의 유무와는 관계없이 그 성분, 형상(용기, 포장, 의장 등), 명칭 및 거기에 표시된 사용목적, 효능, 효과, 용법, 용량, 판매할 때의 선전 또는 설명 등을 종합적으로 판단하여 사회 일반인이 볼 때 화장품으로 인식되는 것을 제외하고는 그것이 위 목적에 사용되는 것으로 인식되고 혹은 약효가 있다고 표방된 경우에는 이를 모두 의약품으로 보아 약사법의 규제대상이 되며(대법원 2003.6.13. 선고 2003도1746 판결 참조), 한편 화장품법 제2조 제1호 단서 규정에 비추어 보면 어떠한 제품이 화장품의 용도로 사용된다고 하더라도 또한 의약품의 용도로도 사용된다면 이를 의약품으로 보아 약사법의 규제대상이 된다.

5) 약사법 제2조(정의) 4. “의약품”이란 다음 각 목의 어느 하나에 해당하는 물품을 말한다.
가. 대한민국약전(大韓民國藥典)에 실린 물품 중 의약외품이 아닌 것
나. 사람이나 동물의 질병을 진단 · 치료 · 경감 · 처치 또는 예방할 목적으로 사용하는 물품 중 기구 · 기계 또는 장치가 아닌 것
다. 사람이나 동물의 구조와 기능에 약리학적(藥理學的) 영향을 줄 목적으로 사용하는 물품 중 기구 · 기계 또는 장치가 아닌 것

6) ‘약전’이란 의약품의 제법(製法) · 성상(性狀) · 성능 · 품질 및 저장방법의 적정을 기하기 위해 정부가 정한 기준서(基準書)이다. ‘대한민국약전’에 대하여는 약사법 제51조에서 규정하고 있다.
약사법 제51조(대한민국 약전) ① 식품의약품안전처장은 의약품 등의 성질과 상태, 품질 및 저장 방법 등을 적정하게 하기 위하여 중앙약사심의위원회의 심의를 거쳐 대한민국약전을 정하여 공고한다.

7) 약사법 제2조(정의) 7. “의약외품(醫藥外品)”이란 다음 각 목의 어느 하나에 해당하는 물품(제4호 나목 또는 다목에 따른 목적으로 사용되는 물품은 제외한다)으로서 식품의약품안전처장이 지정하는 것을 말한다.
가. 사람이나 동물의 질병을 치료 · 경감(輕減) · 처치 또는 예방할 목적으

려진 의약품이 있는 반면에, 와인이나 산소 등도 수재되어 있고, 탈크(talc)와 같이 정제 등을 만들 때 첨가재로서 사용되는 것도 포함되어 있다. 이들 제품들은 그 자체로는 의약품의 기능을 가지지는 못하지만, 약사법의 규율에 따라 의약품으로 취급된다.[8)]

둘째, 사람이나 동물의 질병을 진단 · 치료 · 경감 · 처치 또는 예방할 목적으로 사용하는 물품 중 기구 · 기계 또는 장치가 아닌 것이다.[9)] 이는 의약품에 대한 기능적 관점에 따른 정의에 가장 가까운 것이라 할 수 있다. 다만, 질병의 치료를 위한 물품을 중심으로 하고 있으나 이뿐만 아니라, 검사지와 같은 진단과 백신과 같은 예방에 필요한 물품 등도 포함하고 있으며, 동물용으로만 사용할 것을 목적으로 하는 의약품[10)]도 포함하고 있다.

셋째, 사람이나 동물의 구조와 기능에 약리학적(藥理學的) 영향을 줄 목적으로 사용하는 물품 중 기구 · 기계 또는 장치가 아닌 것이다. 이것은 반드시 전형적인 의약품이 아닐지라도 어떤 작용을 기대하거나, 사람의 신체나 기능에 영향을 미칠 목적으로 사용되는

로 사용되는 섬유 · 고무제품 또는 이와 유사한 것

나. 인체에 대한 작용이 약하거나 인체에 직접 작용하지 아니하며, 기구 또는 기계가 아닌 것과 이와 유사한 것

다. 감염병 예방을 위하여 살균 · 살충 및 이와 유사한 용도로 사용되는 제제

8) 장병원, 약사법 약사행정, 신일북스, 2012, 32쪽.

9) 의약품에서 제외되고 있는 기구 · 기계 또는 장치에 대하여는 의료기기법에서 규율하고 있다.
의료기기법 제2조(정의) ① 이 법에서 "의료기기"란 사람이나 동물에게 단독 또는 조합하여 사용되는 기구 · 기계 · 장치 · 재료 또는 이와 유사한 제품으로서 다음 각 호의 어느 하나에 해당하는 제품을 말한다. 다만, 「약사법」에 따른 의약품과 의약외품 및 「장애인복지법」 제65조에 따른 장애인 보조기구 중 의지(義肢) · 보조기(補助器)는 제외한다.

10) 이에 대하여 약사법은 제85조(동물용 의약품 등에 대한 특례) 등에서 그에 대한 관리를 농림축산식품부 장관 등의 소관으로 하고 있다.

물품은 의약품에 포함하여 약사법의 규제하에 둘 필요가 있다는 것이다. 그 대표적인 사례로 피임약, 식욕감퇴제, 근육증강제 등을 들 수 있다. 임신은 질병이 아니므로 피임약 복용으로 임신을 억제하는 것은 질병의 치료나 예방 등에 해당하지 않으며, 사람의 신체 또는 기능에 영향을 미쳐 그 목적을 달성하는 것이다. 다만, 이러한 물품의 경우에도 인체에 미치는 영향 등을 고려하여 약사법상 의약품에 포함하고 규제 · 관리할 필요성이 있는 것이다.

그러나 이러한 정의에도 불구하고 특정 물품이 의약품인지 여부를 명쾌하게 구분할 수 있는 것은 아니다. 특히 최근에는 건강기능식품 등과 같이 의약품과 식품의 경계선상에 위치한 물품들이 존재하고, 많은 제품들이 의약품을 표방하기도 하여 혼란이 가중되고 있는 것이 현실이기도 하다.

2. 의약품 및 제약산업의 특성

(1) 품질유지를 위한 규제와 공적 영역의 개입

의약품은 질병의 치료 등을 위해 사용되고 생명 및 건강과 직결되는 물질이라는 측면에서, 시장에서 생산 · 유통되고 있는 일반적인 상품과는 구별되는 특징을 가지며, 생산에서 소비의 전 과정에 이르기까지 공공영역의 엄격한 통제와 관리, 규제를 받게 된다. 인체의 입장에서 보면 외부에서 만들어진 것이 강제로 몸속으로 투여되어 영향을 미치는 것이기에 적응 과정이 필요하며, 부작용을 동반하게 된다. 이 때문에 안전성과 유효성을 확보하기 위한 일련의 검증과정[11]과 사용에 있어서의 정확한 정보제공 등 충분한 고려가 필요하게 되며, 이를 위하여 정부 당국을 비롯한 많은 공적 영

---

11) 이에 대하여는 대표적으로 약사법 제5장(의약품 등의 제조 및 수입 등) 등에서 규율하고 있다.

역의 개입과 규제가 필요하게 된다.

(2) 공공적 특성과 외부효과

의약품은 국가의 구성원인 국민들의 생명과 건강에 직결되어 있는 재화로서 국가가 그 생산 및 유통과정에 상당한 책임을 가지게 된다. 또한 질병이나 장애로 인한 고통은 특정 계급과 계층에 관계없이 발생할 수 있으므로 의약품은 보편적으로 제공되고 사용되어야 할 필요성이 있게 된다. 한편, 의약품은 시장경제의 작동원리에 그대로 맡겨 두면 사회에서 요구되는 적정수준보다 과소 생산·소비될 우려가 있는 가치재이기도 하다. 질병의 발생은 개인에게 고통을 발생시킬 뿐만 아니라 사회전체의 후생을 감소시키는 외부불경제를 유발하게 되므로, 개인이 부담해야 할 비용 이외의 부분을 사회가 추가로 부담하더라도 적정 공급과 소비가 이루어지도록 관리되어야 한다.[12] 한편, 의약품 사용에 대한 대가는 대부분 의료보험 체계에서 이루어지는바, 이로 인한 사회적 비용의 절감을 위한 노력도 항상 제기된다.[13] 따라서 특허존속기간 만료 이후에 신속하게 제네릭을 출시토록 하거나 또는 특허의 무효나 특허침해를 유발하지 않는 후발의약품의 출시를 활성화해야 할 유인이 존재하는 것이다.

---

12) 의약품에 대한 국민건강보험의 적용은 의약품의 공공성에 따른 보편적 접근성을 확보하고, 가치재적 성격을 반영하여 적정 생산과 소비를 제공하고자 하는 대표적인 제도라고 할 수 있다.

13) 민간 의료보험이 중심이 되는 미국에서도 민간 보험회사들은 자사에 가입된 환자들을 대신하여 병원들과 협상하여 보험수가를 정하게 되며, 이 과정에서 보험회사들은 특허가 만료된 의약품에 대해서는 가격이 저렴한 후발의약품을 처방해 줄 것을 요구하는 것이 일반적이다.

(3) 높은 불확실성

사회에서 발생하는 모든 현상은 불확실성을 가지고 있어서 정확하게 예측될 수는 없지만 인과관계에 따라 어느 정도 대비할 수 있다. 그러나 의약품에 대한 수요를 발생시키는 질병이나 재난, 전쟁 등이 언제, 어디서 발생할지를 정확하게 예측한다는 것이 불가능에 가까울 정도로 매우 어려운 것이 현실이다.[14] 또한 질병이나 재난이 발생한 이후에도 그에 대한 대응이 완벽하게 이루어진다는 것이 어려우며, 치료 결과를 미리 예측하는 것도 곤란하다. 이로 인해 국가는 만약의 경우에 대비하여 그에 합당한 제도를 마련하고, 불확실성으로 인해 발생할 수 있는 위험을 최소화할 수 있는 대책을 마련하는 것이다.[15] 이러한 불확실성으로 인해 제약산업은 고위험 · 고부가가치 산업의 특성을 가진다. 신약의 개발은 후보물질 발굴, 전임상, 임상시험(1 · 2 · 3상)과 규제당국의 허가 등 매우 복잡한 절차를 거치므로 막대한 비용과 시간이 소요되지만, 블록버스터(blockbuster) 의약품 하나가 성공하게 되면, 그동안 들인 개발비용의 수십배에 달하는 수익을 얻게 되는 경우가 많다.[16] 그러나 이러한 블록버스터 제품들에 대한 과도한 의존[17]이 기업경영에 있어

14) 최근에는 과학기술의 발전에 따라 질병 발생의 원인을 밝혀 그에 대한 대비를 통해 질병을 미리 예방할 수 있는 경우도 상당수 있다. 백신 접종은 그 대표적인 사례로 볼 수 있다.

15) 의약품 비축 등은 위험을 회피하기 위한 대표적인 정책수단으로 볼 수 있으며, 의약품에 대한 국민건강보험의 적용도 개인의 위험을 사회가 분담하는 제도라고 할 수 있다.

16) 애브비가 자가면역질환 치료제로 개발한 휴미라는 2017년 한 해에만 189억 4,600만 달러의 매출액을 기록하여, 1개 신약개발에 소요되는 비용의 수십 배 이상이 팔려 엄청난 수익을 얻은 것으로 알려져 있다(http://www.sedaily.com/NewsView/1S0SKVF8AJ).

17) 세계적 제약기업인 Pifzer의 경우 2002년 현재 8개의 블록버스터를 가지고 있고 이 제품들이 전체 매출에서 차지하는 비중이 80%에 육박하는 것으로 알려지고 있다. 또한, Merck는 5개 블록버스터가 전체 매출액의 68%, GSK

서 잠재적 위험요소로 지적되기도 한다. 블록버스터급 의약품들의 특허존속기간이 만료되면, 후발 제약사들은 즉시 제네릭 의약품을 생산하게 되고, 이는 오리지널 제품의 급격한 매출 감소와 재무구조에 악영향을 미쳐, 기업경영에 큰 장애요인으로 작용하기 때문이다.

(4) 과학기반 · 연구집약적 특성

의약품은 대표적인 과학기반(science-based) 제품으로 기초과학에서 이루어진 연구 결과가 제품으로 바로 연계되는 특징을 가지고 있다. 20세기 초, 제약산업이 본격적으로 형성되던 시기부터 대학 · 연구소에서 활동하는 과학자들의 연구성과가 신약의 개발로 이어지는 경우가 많았던 것이다. 동시에 의약품은 부작용이 적고 유효성이 높아야 한다. 이를 위해서는 일정한 순도와 품질이 균일한 상태를 유지할 것에 대한 법적 · 제도적 규제장치와 과학적 수단들이 적용되고 있다. 또한 신약의 발견을 위해서는 연구개발이 필수적이기 때문에 제약기업들은 R&D를 일찍부터 발달시켜 왔으며, 제약산업은 전체 제조업 중에서 매출액 대비 연구개발비의 비중이 가장 높은 산업으로 손꼽힌다.[18] 한편, 신약 개발이 어렵지만, 복제가 쉬운 의약품의 기술적 특성으로 특허제도에 의한 보호가 결정적 중요성을 가지게 되고, 엄격하고 장기간의 신약 허가기간으로 인한 실질적 특허기간 감소에 대한 보완대책[19] 등을 통해

(GlaxoSmithKline)는 8개의 블록버스터가 전체 매출액의 55%, Johnson & Johnson은 5개의 블록버스터가 전체 매출의 57%를 차지하는 등 회사별로 다소간 차이는 보이고 있으나 유사한 경향을 보이고 있다(김석관, 제약산업의 기술혁신 패턴과 발전전략, 과학기술정책연구원, 2004.12, 39쪽).

18) 글로벌 제약사 9곳의 연평균 연구개발 비용은 평균 68억 달러 즉 7조 원으로 매출액 대비 19.2%이며, 가장 많은 BMS의 경우 매출액의 30%를 연구개발 비용으로 투자하는 것으로 나타났다(국내외 제약기업 연구개발 투자 현황, 2017.4.4, 헤럴드경제).

신약출시를 활성화해야 하는 이슈가 항상 존재한다.

3. 의약품의 분류

(1) 소비자의 접근 편의성에 따른 분류

의약품은 그에 대한 소비자의 접근 가능성 및 획득 방식, 즉 의사 등의 처방전이 요구되는가에 따라 크게 전문의약품과 일반의약품으로 구분할 수 있다.[20)]

전문의약품은 의약품의 안전성 확보, 대상 적응증 판별, 사용방법의 인식 등에 있어서 의사 등의 전문적인 진단을 받은 뒤에 의사의 소견이 적용된 처방전이 있어야만 구입이 가능한 의약품이다. 따라서 부작용이 심하거나 내성이 잘 생기고 습관성이나 의존성이 있는 의약품과, 상호작용으로 약효가 급상승하거나 급감할 수 있는 약들이 주로 전문의약품으로 분류된다. 전문의약품은 전문가와 일반 소비자 간에 지식과 정보의 비대칭성이 크며, 진단과 처방에 의해 사용되므로 한 사람만을 위한 의약품이라 할 수 있다. 일반의약품은 의사의 처방 없이도 구입할 수 있는 의약품으로 주로 경질환에 사용되며, 통상적으로 오랜 사용 경험에 의해 안전성이 일반적으로 확보된 의약품으로 볼 수 있다. 가정 내에서 상비약으로 구입해 두는 약들로 오·남용 우려가 적어 의사 등의 처방 없이 사용하여도 부작용이 비교적 작은 의약품으로 일반적인 감기약, 소화제, 비타민제 등이 해당된다. 일반의약품은 소비자가 약국 등의 진열대에서 직접 구매할 수 있으며, 같은 증상이나 문제를 가진 한 명

---

19) 이와 관련된 방안으로 특허법 제90조는 의약품특허존속기간의 연장 제도를 두고 있다.

20) 외국에서는 처방전이 필요한 전문의약품을 ETC(Ethical The Counter) drug, 처방전이 필요 없는 일반의약품을 OTC(Over The Counter) drug이라고 한다.

이상을 위해 사용할 수 있는 의약품이다. 또한 일반의약품 중에서 환자 스스로가 선택하여 사용할 수 있는 의약품을 "안전상비의약품"으로[21] 지정하여 약국 이외의 장소에서도 구입할 수 있도록 하고 있다.

현재의 우리나라의 분류에 대해서는 방법 및 정의에 대해 추가적인 검토가 필요하다. 약사법은 제2조에서 먼저 일반의약품[22]을 정의하고, 일반 의약품이 아닌 의약품을 전문의약품[23]으로 정의하는 일반의약품 우선 선별 방식을 천명하고 있다. 그러나 구체적인 기준을 정한 「의약품 분류기준에 관한 규정」(식품의약품안전처 고시)에서는 전문의약품을 별도로 명시하면서, 전문의약품이 아닌 의약품을 일반의약품으로 다시 정의하여, 전문의약품 우선 선별 방식을 적용하고 있다.[24] 법률이 규정한 일반의약품과 고시에서 정한 전

21) 이전에는 자양강장제 · 비타민 · 위생용품 · 외용소독제 등의 "의약외품"만 슈퍼마켓에서 판매가 허용되었으나, 약국이 문을 닫는 공휴일 · 야간에 의약품 구입 불편(심야, 휴일시간)을 해소하기 위해 2012년부터 해열진통제, 감기약, 소화제, 파스 등 안전상비의약품으로 지정된 13개 품목은 약국 외에서도 판매(24시편의점, 보건복지부 장관이 지정하는 특수장소, 보건진료소)가 허용되었다.

22) 약사법 제2조(정의) 9. "일반의약품"이란 다음 각 목의 어느 하나에 해당하는 것으로서 보건복지부장관과 협의하여 식품의약품안전처장이 정하여 고시하는 기준에 해당하는 의약품을 말한다.

가. 오용 · 남용될 우려가 적고, 의사나 치과의사의 처방 없이 사용하더라도 안전성 및 유효성을 기대할 수 있는 의약품

나. 질병 치료를 위하여 의사나 치과의사의 전문지식이 없어도 사용할 수 있는 의약품

다. 의약품의 제형(劑型)과 약리작용상 인체에 미치는 부작용이 비교적 적은 의약품

23) 약사법 제2조(정의) 10. "전문의약품"이란 일반의약품이 아닌 의약품을 말한다.

24) 제2조(분류의 기준) ① 다음 각 호의 1에 해당하는 의약품은 이를 전문의약품으로 분류한다.

1. 약리작용 또는 적응증으로 볼 때 의사 또는 치과의사의 전문적인 진단과

문의약품의 규정이 정확히 대비되지 않는 경우에는 모순이 발생할 여지가 있다.25) 또한 전문의약품과 일반의약품의 분류를 의사 등의 처방 여부를 기준으로 판단하는 것이 바람직한 것인지도 다시 검토해 볼 필요가 있다. 우리 약사법은 안전성, 유효성 및 부작용 등 위험도를 기준으로 분류하고 있으며, 판매에 있어서 의사 등의 처방전이 필요한지 여부는 의약품의 분류에 따른 효과로 규정하고 있다.26) 따라서 의사 등의 처방전이 필요한가 여부는 일반의약품

지시 · 감독에 따라 사용되어야 하는 의약품
2. 투여경로의 특성상 의사 또는 치과의사의 지시 · 감독에 따라 사용되어야 하는 의약품
3. 용법 · 용량을 준수하는 데 전문성이 필요하거나 혹은 환자에 따라 적절한 용법 · 용량의 설정이 필요하여 의사 또는 치과의사의 전문적인 지시 · 감독에 따라 사용되어야 하는 의약품
4. 부작용이 심하여 의사 또는 치과의사의 지시 · 감독에 따라 사용되어야 하는 의약품으로서 심각한 부작용의 발현 빈도가 높거나 정상 상용량 범위 안에서 사용하더라도 부작용 발현의 빈도가 높은 의약품
5. 습관성 및 의존성이 있는 의약품
6. 내성(耐性, resistance)이 문제가 되는 의약품
7. 약물의 상호작용이 상당한 정도로 존재하여 심각한 부작용이 발생할 수 있거나 약효의 현저한 감소를 가져올 수 있는 의약품
8. 마약, 한외마약, 향정신성의약품, 독약, 극약에 해당하는 의약품
9. 오남용의 우려가 있어 사회적 문제를 야기하는 의약품
10. 식품의약품안전처장이 신약으로 지정하는 의약품(다만, 외국에서 유효성 · 안전성이 충분히 입증된 경우를 제외한다)

② 제1항 각호에 해당하지 아니하는 의약품은 이를 일반의약품으로 분류한다.

25) 이러한 문제점이 있음에도 불구하고 현행 법령은 의약품 인허가 과정에서 일반의약품과 전문의약품을 구분하여 신청토록 하고, 허가심사 시에 그 타당성을 검토하고 있어, 그 사이에 회색지대가 발생할 가능성은 없다.

26) 약사법 제50조(의약품 판매) ② 약국개설자는 의사 또는 치과의사의 처방전에 따라 조제하는 경우 외에는 전문의약품을 판매하여서는 아니 된다. 다만, 「수의사법」에 따른 동물병원 개설자에게 보건복지부령으로 정하는 바에 따라 판매하는 경우에는 그러하지 아니하다.

과 전문의약품으로 분류된 이후 그 판매에 있어서의 법적 효과로 볼 것이고, 일반의약품과 전문의약품을 분류하는 기준으로 볼 것은 아니다.[27)]

(2) 구성물질에 의한 분류

의약품은 어떤 물질로부터 어떤 방법으로 의약품을 제조하였는가에 따라 합성의약품과 바이오의약품으로 구분될 수 있다.[28)]

합성의약품은 천연물에서 약효를 가진 성분만을 추출하거나 화학적으로 합성하여 대량 생산한 의약품으로, 분자량이 작고 분자구조가 단순해 특성을 분석하기 쉬우며, 일정한 화학식에 의하여 매번 동일한 화학반응이 발생하기 때문에 제조공정이 용이하다. 세계적으로 많이 이용되는 해열 진통제인 아스피린이 최초의 합성의약품으로 알려져 있다.

이에 비해 바이오의약품은 사람이나 다른 생물체에서 유래된 것(단백질)을 원료 또는 재료로 하여 새로운 생물공학방식으로 제조한 의약품으로 보건위생상 특별한 주의가 필요한 의약품이다.[29)]

---

③ 약국개설자는 의사 또는 치과의사의 처방전이 없이 일반의약품을 판매할 수 있다.

27) 처방전 필요 여부를 분류 기준으로 하는 경우에는 전문의약품과 일반의약품이라는 현행법상의 용어를 외국과 같이 처방의약품과, 비처방의약품으로 변경하는 것이 타당한 것으로 판단된다. 처방과 비처방은 그 약을 사용하는 데 의사의 전문적인 판단과 처방이 필요한가의 여부로 그 의미가 명확하지만, 전문과 일반이라는 용어는 명확하지 않아 오해와 혼란을 초래할 소지가 있다[일반의약품(OTC)관련제도개선방안연구, 충북대학교 의과대학, 2010.5, 19쪽].

28) 미국, 호주 등 상당수 나라가 바이오의약품을 합성의약품과 구별하여 별개 법률(또는 별도 장 · 절)을 통해 규율하고 있으나, 우리나라 약사법은 의약품이라는 단일 범주에서 규율하고 있으며, 고시 등을 통해 실무적으로 구별하고 있다.

29) 식품의약품안전처 생물학적제제 등의 품목허가심사 규정 고시 제2조(정

일반적으로 합성의약품에 비해 분자량이 크고 복잡한 구조를 가지고 있으며, 생물체를 이용해 복잡한 제조공정을 거치므로 주변 환경 변화에 민감하다. 또한 생물 유래 물질을 이용하여 의약품을 제조하기 때문에 고유 독성이 낮고 작용기전이 명확하며, 특히 희귀·난치성 질환에 효과가 뛰어나 주로 맞춤형 표적치료제로 사용되고 있다. 바이오의약품은 계속 진화하고[30] 있어 정확하게 구분하는 것은 어렵지만, 실무에서는 다시 생물학적 제제, 유전자재조합 의약품, 세포치료제, 유전자치료제, 동등생물의약품(바이오시밀러), 개량생물의약품(바이오베터) 등으로 분류하고 있다.

(3) 허가 및 심사절차에 의한 분류

의약품은 정부의 규제와 적극적 개입의 정도, 즉, 안전성 및 유효성 검증 등을 포함하는 인허가 관점에서 신약(New Medicine), 자료제출의약품, 개량신약(Incrementally Modified Drug: IMD) 및 제네릭(Generic) 의약품[31]으로 분류될 수 있다.

약사법 제2조(정의) 8호는 "신약이란 화학구조나 본질 조성이 전혀 새로운 신물질의약품 또는 신물질을 유효성분으로 함유한 복합제제 의약품으로서 식품의약품안전처장이 지정하는 의약품을 말한다."라고 정의하고 있다. 즉, 기원이 완전히 새로운 물질로 구성

의) 9. "생물의약품"

30) 백신과 혈액제제 등으로 일컬어지는 1세대 바이오의약품을 시작으로, 유전자 조작 및 세포배양기술을 도입한 유전자재조합의약품, 나아가서 세포융합기술 또는 정보기술 등을 접목한 단클론항체, 유전자치료제, 세포치료제, DNA백신 등과 같은 첨단바이오의약품으로 발전하고 있다

31) 이 책에서는, 제네릭 의약품, 후발 의약품을 동일한 의미로 사용하며, 신약, 오리지널 의약품도 동일한 의미로 사용한다. 또한, 제네릭 의약품을 제조, 판매하는 제약사를 후발 제약사 또는 제네릭 제약사(제네릭사)로, 신약을 제조, 판매하는 제약사를 선발 제약사 또는 오리지널사(오리지널 제약사)로 지칭한다.

되어 있거나, 사용례가 없는 조성이므로 신약의 허가를 받기 위해서는 엄격한 절차가 요구되며, 허가 신청자는 해당 의약품의 안전성 및 유효성에 관한 모든 결과를 제출해야 한다.[32)]

자료제출의약품이란 신약이 아닌 의약품이면서 안전성·유효성 심사가 필요한 의약품을 말한다.[33)] 새로운 염 및 이성체, 새로운 효능군, 새로운 조성 및 함량 증감, 새로운 투여 경로 및 새로운 용법용량을 가진 품목을 의미하며, 제품 특성에 맞게 안전성·유효성 자료, 기준 및 시험방법 심사 자료, GMP 실시상황 평가자료 등을 제출하여야 한다.

개량신약은 자료제출의약품 중에서 허가의약품에 비해 효능 증대, 부작용 감소를 통해 안전성·유효성을 높이거나, 투여방법 및 투여횟수 개량을 통해 유용성(복약순응도, 편리성 등)이 개선됨으로써, 염변경 및 제제 개선 등의 의약기술에 있어서 진보성이 있다고 식약처장이 인정한 의약품을 말한다.[34)] 신약을 개발하는 데는 10

---

32) 종류에 따라서는 일부 자료의 제출이 면제되거나 개개 의약품에 따라 판단하여 제출하는 것이 무의미하거나 불가능하여 면제할 수 있는 것도 있다. (의약품의 품목허가·신고·심사 규정 별표1 의약품의 종류 및 제출자료의 범위)

33) "안전성·유효성심사 자료제출의약품"의 약칭이다(의약품 등의 품목허가·신고·심사 규정 제2조 제8호).

34) 의약품의 품목허가·신고·심사 규정 제2조에서 아래와 같이 개량신약을 정의하고 있다.

9. "개량신약"이란 제8호에 따른 "자료제출의약품" 중 다음 각 목의 어느 하나에 해당하는 것 중 안전성, 유효성, 유용성(복약순응도·편리성 등)에 있어 이미 허가(신고)된 의약품에 비해 개량되었거나 의약기술에 있어 진보성이 있다고 식품의약품안전처장이 인정한 의약품을 말한다.

가. 이미 허가된 의약품과 유효성분의 종류 또는 배합비율이 다른 전문의약품

나. 이미 허가된 의약품과 유효성분은 동일하나 투여경로가 다른 전문의약품

다. 이미 허가된 의약품과 유효성분 및 투여경로는 동일하나 명백하게 다른 효능·효과를 추가한 전문의약품

년 이상 소요되고 수천억 원 이상의 비용이 든다고 알려져 있는 데 비해, 개량신약은 허가를 받은 제품을 기반으로 해 임상시험 기간도 짧고, 개발 비용이 신약의 5분의 1 수준에 불과하다고 하여, 활발하게 개발되고 있다. 또한 고령화로 복합 질환을 앓는 환자가 증가하면서 약의 크기는 축소하고, 복용방법을 개선하고, 복용횟수를 줄이는 것이 큰 의미를 가지기 때문에 최근에는 그 부가가치가 더욱 높아지고 있다고 평가된다.

제네릭 의약품은 최초로 개발된 의약품(원개발 의약품)과 주성분 함량, 안전성, 효능, 품질, 약효 작용 원리, 복용방법, 제형 등이 동등한 의약품으로, 의약품동등성시험을 통해 원개발 의약품과 생물학적 동등성[35]을 인정받은 의약품이다.[36] 제네릭 의약품은 오리지널 신약 의약품의 특허가 만료된 경우 공개된 기술과 원료 등을 이용해 만든 같은 약효와 품질의 제품이므로, 복잡하고 오랜 신약 개발 및 인허가 절차의 상당부분을 생략할 수 있게 된다. 최근 고령화 사회의 심화로 의약품에 대한 수요가 증가하고 의료보험 재정의 악화는 효과와 품질이 동등하면서도 가격이 저렴한 고품질의 제네릭 의약품의 출현을 추동하게 된다. 후발 제약기업에게는 이를 기반으로 한 단계 성장할 수 있는 기회가 될 수 있고, 공적 보험을 중심으로 의약품을 공급하고 있는 체계에서는 정부도 적극적으로 후발의약품을 시장에 출시하여, 약가를 인하시킬 유인을 가지게 된다.[37]

라. 이미 허가된 신약과 동일한 유효성분의 새로운 염 또는 이성체 의약품으로 국내에서 처음 허가된 전문의약품

마. 유효성분 및 투여경로는 동일하나 제제개선을 통해 제형, 함량 또는 용법 · 용량이 다른 전문의약품

35) 생물학적으로 동등하다는 것은 약성분이 체내에서 작용하는 부위에서 흡수되는 속도와 정도에 차이가 없다는 뜻으로, 제네릭과 오리지널 간 두 개의 값, 즉 체내 흡수된 혈중약물의 양(AUC), 약물투여 후 최고혈중농도(Cmax)를 비교해 차이가 없는 오차범위에 드는 것을 의미한다.

36) 현행 약사법령에서 제네릭 의약품을 명확하게 정의하고 있는 규정은 없다.

제2절 의약품의 연구개발 및 허가절차

1. 의약품의 개발 과정

의약품의 개발은 바람직한 활성을 보이는 기초물질 탐색연구에서 출발하여, 그 물질의 약효 · 물성 · 체내동태 · 독성을 확인하는 전임상실험과 사람을 대상으로 하는 임상시험을 거쳐, 승인 및 상용화 단계를 통해 이루어진다.

(1) 기초탐색과정

탐색은 제약산업 기술혁신의 핵심으로 신물질을 합성하거나 천연물로부터 분리한 화합물의 화학적 구조를 확인하고 그 효능을 검색하여 후보물질을 선정하는 과정이다. 질병의 원인에 대한 기초연구를 통해 약물표적(drug target)과 작용기전을 설정하는 것에서 탐색이 시작된다. 약물표적에 맞춰 설계된 화합물을 이용하여 시험관 시험(in vitro test)을 수행한 후, 동물을 대상으로 효능 및 독성실험(in vivo test)이 이루어진다. 이러한 과정을 통해 효과를 보인 선도 화합물(lead compound)을 도출하며, 최상의 효능과 가장 적은 부작용을 나타내는 약물 후보물질(drug candidate)을 얻어 낸다.

(2) 전임상시험(Preclinical Trial)

탐색과정을 통해 선택된 후보 화합물이라도 바로 사람을 대상으

37) 이에 반해, 오랜기간 동안 노력과 비용을 들여 신약을 개발한 오리지널 제약사들은 시장에서의 독점권이 지속적으로 유지되기를 희망하게 된다. 이를 위한 방편의 대표적인 것이 특허제도와 자료독점이며, 제네릭 의약품 출시를 허가단계에서부터 방지하고자 새롭게 도입된 제도가 의약품 허가특허연계제도이다.

로 시험하는 것은 허용되지 않으며, 동물을 대상으로 안전성과 유효성을 검토하는 전임상시험[38]이 진행된다. 이 과정에서 독성시험과 약리시험이 이루어지고, 흡수 · 분포 · 대사 · 배설시험을 포함한 약품동태시험과 의약품의 유효성(Efficacy)과 안전성(Safety)을 유지하기 위해 필요한 품질의 안정성을 평가하는 품질 · 안전성 시험이 진행된다. 보통 이러한 비임상 단계에서 90% 이상의 후보물질이 독성문제로 탈락한다.

(3) **임상시험**(Clinical Trial)

전임상실험을 통과한 물질들은 사람을 대상으로 하는 임상시험 단계로 들어간다. 임상시험은 대상 질환 또는 증후에 대한 임상시험용 의약품의 치료적, 예방적 효과와 사용 시의 위험성 및 이상 반응 등을 평가함으로써 당해 의약품의 임상적 유용성을 종합적으로 평가하는 것으로 사람을 피험자로 하는 것이기 때문에 윤리적 배려와 함께 과학적 방법으로 진행되어야 하며 규제당국의 임상시험 허가(IND: Investigation New Drug)를 필요로 하며, 보통 3단계로 진행된다. 임상1상 시험(Phase I)은 시험약을 최초로 사람에게 적용하는 것으로 소규모의 건강한 지원자 또는 약물군에 따른 적응환자를 대상으로 실시하며, 임상2상 시험(Phase II)은 소수(약 100명에서 500명)의 환자를 대상으로 약효를 확인하고 적응증의 탐색과 최적 용량을 결정하게 된다. 임상3상 시험(Phase III)은 다수의 환자를 대상으로 한 약물의 유용성을 확인하고 통계적으로 유의미한 데이터를 얻게 되는 단계이다. 임상시험을 모두 마치면 그 결과를 가지고

38) 약사법 제2조 16. "비임상시험"이란 사람의 건강에 영향을 미치는 시험물질의 성질이나 안전성에 관한 각종 자료를 얻기 위하여 실험실과 같은 조건에서 동물 · 식물 · 미생물과 물리적 · 화학적 매체 또는 이들의 구성 성분으로 이루어진 것을 사용하여 실시하는 시험을 말하며, 임상시험 전에 행해지기 때문에 전임상시험이라고도 부른다.

시판허가를 요구하는 신약허가신청(NDA: New Drug Application)을 하게 되며, 임상적 유의성을 평가한 임상시험성적을 제출하면서 평가된다. 평가 후 승인 여부를 결정하기까지는 1~2년의 시간이 소요된다.[39]

(4) 제품출시 및 임상4상 시험

임상4상 시험(Phase IV)은 시판후 유효성, 안전성을 검사하는 단계이다. 이를 재심사기간(Postmarketing Surveillance: 이하 'PMS')이라고도 한다.[40] 이 기간 동안에는 신약 출시 후에 예기치 못한 새로운 부작용이 나올 수 있으므로 제네릭 의약품에 대한 허가를 하지 않는다. 따라서 이 기간은 실질적인 신약의 시장보호 장치로 작용하고 있다.

(5) 제네릭 의약품 출시단계

신약에 대한 특허가 만료되면 제네릭 의약품을 출시할 수 있게 된다. 이전에는 재심사기간(PMS)이 만료되면 실질적으로 특허와 관련 없이 제네릭 의약품 허가 신청을 하게 되고 허가사항만을 바탕으로 허가 여부가 결정되었으나, 한 · 미 FTA에 따라 의약품 허가특허 연계제도가 도입된 이후에는 제도적으로 특허를 고려하여야 하게 되었다.

39) 김석관, 제약산업의 기술혁신 패턴과 발전전략, 과학기술정책연구원, 2004. 12, 5-6쪽.

40) 약사법 제32조(신약 등의 재심사) ① 제31조 제2항 및 제3항에 따라 품목허가를 받은 의약품 중 제31조 제10항에 해당하는 의약품은 그 품목허가를 받은 날부터 품목에 따라 4년에서 6년이 지난날부터 3개월 이내에 식품의약품안전처장의 재심사를 받아야 한다.

〈그림 1〉 의약품 개발부터 사용까지 전 주기 체계도

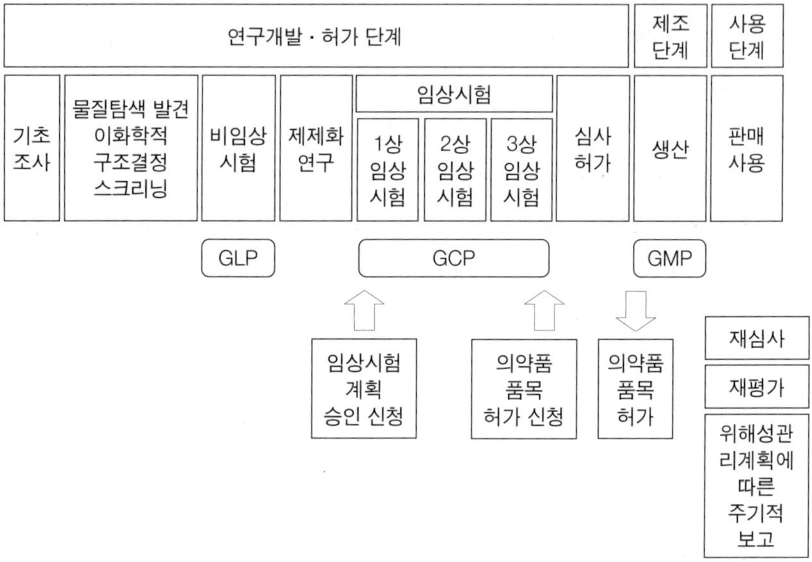

2. 의약품의 허가절차

의약품은 사람에게 직접 적용되어 생명과 건강에 영향을 주기 때문에 실제 시장에서 판매되기까지는 연구개발과 비임상 · 임상시험 절차 이외에도 국가의 공적 인증을 받는 인허가 절차가 필요하다. 비록 제약회사가 나름대로의 과정을 통해 안전성과 유효성을 확인했다고 해서 그것만으로는 부족하며, 실상 그 과정의 상당 부분은 국가로부터 품목허가를 받기 위한 자료를 만들기 위한 과정이라고 볼 수 있다. 현행 약사법에서는 의약품 출시를 위한 공적 절차로 시설기준을 갖추는 등 의약품을 제조할 수 있는 자격이 있는지 여부를 검증하는 제조업 허가와 구체적인 품목의 안전성 · 유효성을 검증하는 품목별 제조판매품목허가(또는 품목신고)의 2단계를 규정하여 국민의 건강권을 보호하고 있다.

(1) 제조업 허가

의약품 등을 제조 · 판매하기 위해서는 식약처장에게 제조업 허가를 받아야 하고 수입하기 위해서는 수입업 허가를 받아야 한다. 제조업 등의 수행을 위한 진입장벽 없이 누구나 할 수 있도록 한다면, 가격 등 경쟁이 더욱 활발해지고 소비자에 대한 서비스 수준이 높아질 수도 있지만, 의약품에 요구되는 안전성과 유효성으로 대표되는 최소한의 품질을 확보할 가능성은 낮아지게 된다. 의약품이 가지는 특성상 그 내용물이나 품질에 대해 소비자가 직접 파악할 수 있는 방법이 없고, 인체에 직접 적용되어 위해 가능성이 높기 때문에 국가가 제조업 등에 대한 진입단계에서부터 개입하여 관리하게 되는 것이다. 현행 약사법은 의약품 제조업을 하려는 자에게 일정한 시설을 갖추어 허가를 받고, 허가 이후에도 품질관리와 안전관리에 대해 지속적으로 감독하며, 결격 사유가 발생하면 취소할 수 있도록 하여 관리하고 있다. 한편 외국에서 개발, 제조된 의약품을 국내에서 판매하고자 할 경우 수입업 허가를 받은 자를 통하도록 하여, 외국에 소재한 제약회사가 국내에 사무소를 두지 않고 의약품을 수입 · 판매하는 것을 허용하고 있지 않다.[41] 따라서 외국의 제약회사는 국내에 자회사를 설치하거나, 수입업 허가를 취득한 국내 수입업자에게 자신의 의약품을 수출하는 절차를 거쳐야 한다. 물론 이 과정에서 외국의 제조 시설 등이 국내 시설 기준 등에 적합해야 하며, 그 수입 의약품에 대한 품질검사 및 서류의 작성 비치 등 관리가 이루어져야 함은 당연하다.

(2) 품목허가

현행 약사법은 의약품 판매에 대한 품목허가 제도를 운영하고 있다. 이를 통해 국가는 의약품의 품질을 일정 수준 이상으로 유지

41) 장병원, 약사법 약사행정, 신일북스, 2012, 93쪽.

할 수 있으며, 국민들은 효과가 없거나 부작용이 심한 의약품이 자신의 몸에 투여되는 것을 사전에 방지할 수 있다. 모든 의약품은 품목허가를 받는 것이 원칙이지만 이미 그 기준이나 시험방법, 안전성과 유효성이 확보된 의약품의 경우에는 절차를 간소화한다는 의미에서 신고제도로 운영하고 있다.[42] 의약품 품목허가를 받으려는 자는 식약처에 신청서를 제출해야 하며, 식약처는 제출된 자료에 근거하여 허가 심사를 진행한다. 허가신청을 하려는 자는 안전성 · 유효성에 관한 시험성적서와 그에 관한 자료, 원료의약품에 관한 자료, 관계 문헌 및 그 밖에 필요한 자료를 제출하여야 하며,[43] 식약처는 신청된 약물의 유효성(의약품으로서 효과가 있는가)과 안전성(인체 적용 시 안전성에 대한 문제가 없는가)을 중점으로 평가하여 허가여부를 결정하게 된다. 품목허가가 이루어진 이후에도 유효성 · 안전성에 문제가 발생한 경우, 리베이트 등 위법행위가 있는 경우, 품목허가 심사 시 조작된 자료를 제출한 경우 등은 품목허가를 취소할 수 있다. 의약품에 대한 품목허가 신청 및 심사는 〈그림 2〉와 같이 신청서 신청 및 접수로 시작되어, 예비심사 및 안유자료 · 기시자료 · 동등성자료 · GMP자료 · 특허관계확인서 등에 대한 검토가 진행되며, 이를 통해 허가여부가 결정된다. 한편, 긴급한 필요가 있거나, 산업화 촉진 등 정책적 필요에 의한 경우, 희귀의약품에 해당하는 경우 등에는 품목허가를 빨리 받을 수 있는 신속심사제도를 운영하고 있다.[44]

42) 의약품의 품목허가 · 신고 · 심사규정 제3조 제1항에서 신고대상 품목을 구체적으로 규정하고 있다.

43) 상세한 제출 자료는 의약품 등의 안전에 관한 규칙(총리령 제1455호, 2018. 4.25.) 제9조(안전성 · 유효성에 관한 자료)에서 규정하고 있으며, 의약품 종류별(신약 또는 자료제출의약품 등) 제출 자료의 범위에 대하여는 의약품 품목허가 · 신고 · 심사 규정(별표 1)에서 정하고 있다.

44) 의약품의 품목허가 · 신고 · 심사 규정 제58조(신속심사 등)에서 규정하고 있다.

〈그림 2〉 의약품 인허가 심사 체계도

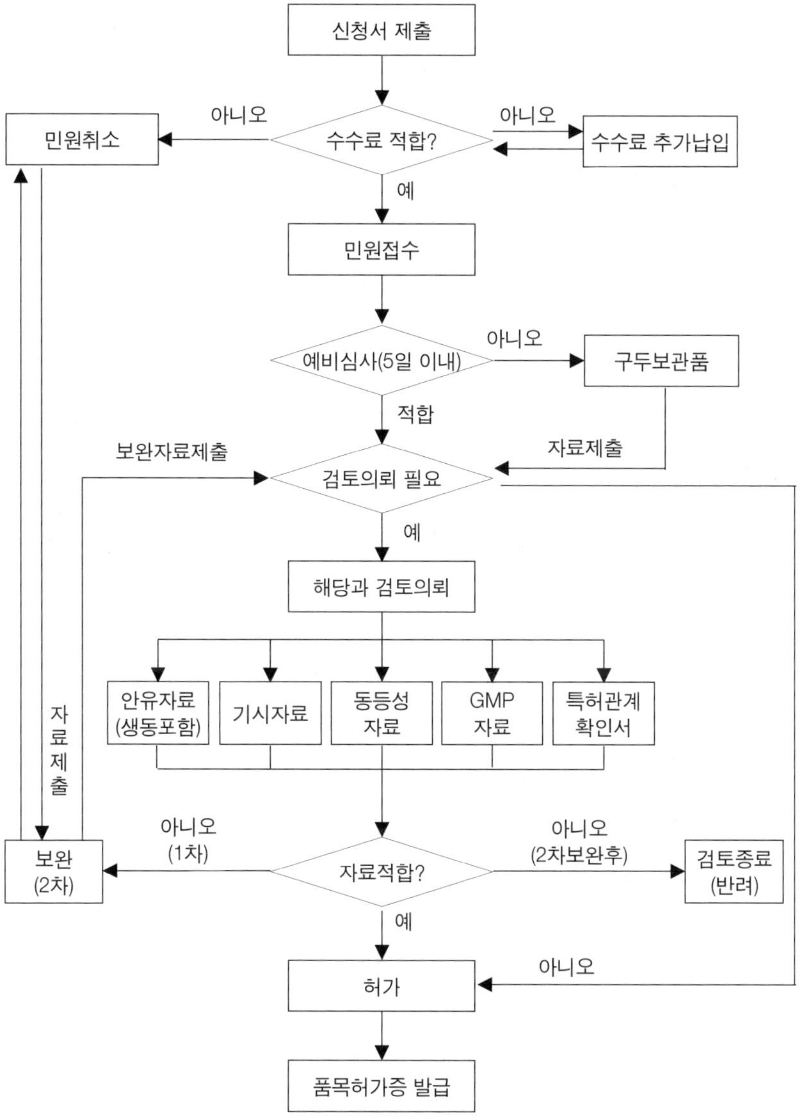

제3절 의약품에 대한 지식재산권 문제

1. 지식재산권 일반론

(1) 지식재산권의 개념 및 유형

일반적으로 재산권이라 할 때는 특정의 물건에 대한 지배권인 '물권'과 특정인에 대한 일정행위의 청구권인 '채권'을 지칭하며, 현대에 이르기까지 이들 물권, 채권은 사유재산을 구성하는 가장 중요한 재산권으로서의 기능을 가지고 있다. 민법은 이상의 재산권을 효과적으로 보호하기 위해 제정된 재산권에 관한 기본법이다. 그러나 민법전이 보호대상으로 하고 있는 재산권 이외에 또 다른 재산적 가치가 있는 인간의 정신적 창작이라는 재화가 등장하여 권리로서 보호를 요구하기에 이르렀는데, 이러한 창작가치에 대한 지배권을 '지식재산권'이라 한다.

창작에 대한 권리는 특허권, 실용신안권, 디자인권으로 나눌 수 있고, 영업표지에 대한 권리는 상표, 서비스표, 상호, 원산지표시 등으로 나눌 수 있는데 기본적으로 표지에 대한 권리는 창작행위에 대한 보호권이 아니라 표지를 선택하여 그 표지에 자신의 영업상 신용을 화체시킨 상인을 보호하고 아울러 거래의 유통질서를 보호함으로써 소비자를 보호하기 위한 것이다.

저작권은 인간의 사상 또는 감정을 표현한 창작물, 즉 저작물에 대한 저작자의 권리를 말한다. 저작물은 그 저작물을 창작한 저작자의 정신적 자식이라고도 할 수 있을 정도로 저작자의 인격이 화체되어 있는 것이어서 저작권은 다른 지식재산권과 차이가 있다. 저작재산권과 저작인격권으로 구성되며 오늘날의 정보경제에서 저작권은 정보와 미디어의 흐름에 중심적인 역할을 담당한다.

저작권과 산업재산권(특허권, 실용신안권, 상표권, 디자인권)을 바탕으로 발전해 왔던 전통적 지식재산권제도는 새로운 지식재산의 등장으로 그 미비점을 노출시켰다. 예컨대 반도체 기술의 발전, 유전공학기술의 등장 등은 신기술을 어떻게 보호할 것인지에 대한 문제를 야기시켰다. 신지식재산권에 대한 정의는 아직 확립되어 있지 않다. 다만, 그 공통적인 특징을 종합해 보면, 과학기술의 급속한 발달과 사회여건의 변화에 따라 종래의 지식재산권 법규의 보호범주에 포함되지 않으나 경제적 가치를 지닌 인간의 지적 창작물에 대한 권리를 의미한다고 할 수 있는데, 신지식재산권에 대해서는 기존의 지식재산권법의 합리적 해석에 의하거나 새로운 입법을 통해 합리적인 보호를 꾀하고 있다.

많은 지식재산권 중에서 의약품의 경우 그 개발과 사업화에 많은 R&D와 고도의 노력이 요구되는 특성 등으로 특허가 가장 중요하고 관련성이 높다.

〈그림 3〉 지식재산권의 분류

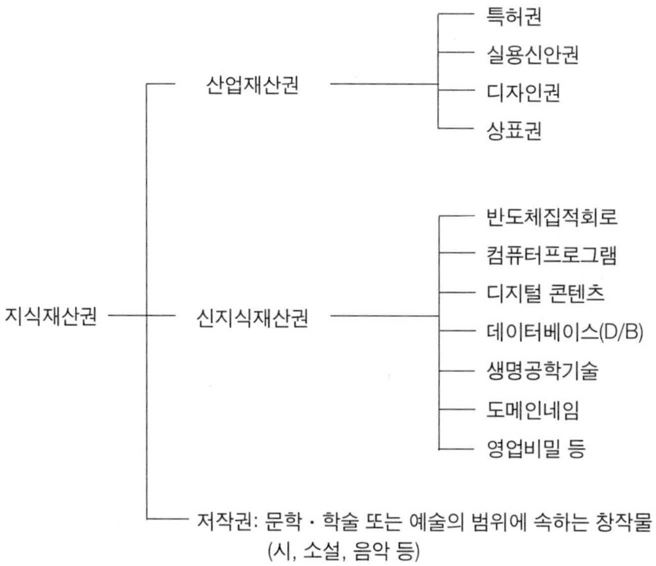

(2) 지식재산의 중요성

1) 지식정보화 사회에서 지식재산권의 가치

21세기를 흔히 지식정보화 시대라고 한다. 그만큼 지식이나 정보가 중요하다는 것이다. 과거에는 유형적인 제품의 생산과 판매를 통해 부를 창출하였지만 지식정보화 시대에는 무형의 기술을 판매함으로써 더 많은 부를 창출해 낼 수 있다. 인류는 원시사회에서 농경사회, 산업사회를 거쳐 지식정보화사회로 발전해 왔다. 산업혁명이 가져온 산업사회에서는 토지나 공장, 기계와 같이 눈에 보이는 것이 중요한 재산이었지만 지식재산혁명이 가져온 지식정보화 사회에서는 지식이나 정보, 창조성이 부를 창출하는 주요 수단이 되었다. 유형의 물건으로 창출할 수 있는 부가가치는 그 특성상 일정한 한계가 있을 수밖에 없지만 지식이나 정보는 사용에 제한이 없어 그 부가가치는 유형의 물건의 경우와는 비교할 수 없을 만큼 크다. 따라서 한번 가치 있는 기술을 개발하게 되면 이를 통해 엄청난 부를 창출하는 것도 가능하다.[45)]

『바이오테크 시대』의 저자인 리처드 올리버는 바이오 관련지식이 날마다 두 배로 증가하고, 이 지식이 전 세계에 빠른 속도로 퍼지며, 성장 곡선이 수직선을 이룰 만큼 엄청난 부를 창출할 것이라고 예견한 바 있다.

2) 원천기술개발과 지식재산권의 중요성

파파라치에게 찍힌 할리우드 스타의 사진에서 삼성이나 엘지 핸드폰을 발견하는 것은 어렵지 않다. 특히 삼성의 스마트폰은 판매량에 있어서 애플과 1, 2위를 다투고 있다. 그런데 우리나라의 핸드폰이 많이 팔릴수록 미국의 퀄컴사가 좋아한다는데 왜일까? 그 이유는 핸드폰 생산에 필요한 원천기술을 퀄컴사가 보유하고 있기

---

45) 글로벌 신약 1개의 연간 부가가치는 자동차 300만 대 수출과 동일한 가치로 평가되고 있다.

때문이다. 코드분할다중접속방식(CDMA) 특허로 인해 국내 휴대폰 제조사들은 휴대폰 1대당 판매가의 5%에 해당하는 로열티를 미국 퀄컴사에 지불하고 있다. 삼성이 만드는 연간 3억 대, LG의 4~5천만 대를 기준으로 할 경우 우리나라에서만 2조 원 이상을 특허료 수입으로 얻고 있다는 계산이 나온다. 최근 수년 동안 우리나라는 국가와 민간 모두 R&D(연구개발)에 대한 투자를 꾸준히 늘려 왔다. 그 결과 우리나라의 R&D 투자규모는 GDP(국내총생산) 대비 세계 1, 2위를 다투고 있다. 총액 기준으로도 미국, 중국, 일본, 독일, 프랑스에 이은 세계 6위 수준이다. 국제특허출원건수 또한 세계 4-5위를 자랑하나 질적인 면에서도 그 정도로 성장하였는지는 의문이다. 한미 FTA 협상과정에서도 나타난 바와 같이 특히 우리나라 제약산업의 경쟁력은 IT분야와 비교해 볼 때 매우 열악하다. 치열한 국제경쟁 속에서 우리 제약산업이 경쟁력을 갖추기 위해서는 끊임없는 연구개발을 통해 원천기술을 확보하고 해당 기술을 특허권으로 적절히 보호하며 이를 산업적으로 잘 활용할 수 있도록 효율적인 특허관리 및 활용전략을 수립하는 것이 중요하다.

(3) 지식재산권의 존재 이유

많은 사람들은 지식재산권제도의 존재이유를 타인의 정신적 창작물을 무단이용하려는 자로부터 창작자를 보호하기 위한 것이라고 생각한다. 이 또한 지식재산권이 의도하는 효과이기는 하나 이것이 지식재산권제도가 존재하는 궁극적인 이유는 아니다.

헌법 제22조 제2항은 "저작자 · 발명가 · 과학기술자와 예술가의 권리는 법률로써 보호한다."고 규정하고 있고 그에 따라 특허법(실용신안법)은 새로운 기술을 창작한 창작자에게 특허권(실용신안권)을 부여하고, 저작권법은 저작자에게 저작물을 배타적으로 이용할 수 있는 권리를 인정한다.

특허법과 저작권법은 헌법정신에 따라 각각 "발명을 보호 · 장려하고 그 이용을 도모함으로써 기술의 발전을 촉진하여 산업발전에 이바지"하는 것과(특허법 제1조), "저작자의 권리와 이에 인접하는 권리를 보호하고 저작물의 공정한 이용을 도모함으로써 문화 및 관련 산업의 향상발전에 이바지"하는 것(저작권법 제1조)을 목적으로 한다. 따라서 지식재산권법의 궁극적인 존재이유는 창작자의 권리보호를 통한 산업발전과 문화발전에 있다고 할 수 있다.

한편 상표, 서비스표와 같은 영업표지 또한 산업활동에 극히 중요하여 보호할 가치가 있는 산업재산권이라고 할 수 있는데, 상표법은 다른 산업재산권과 달리 창작이 아닌 표장을 선택한 상표사용자의 업무상 신용을 보호한다는 점에서, 그리고 산업발전에의 이바지뿐만 아니라 수요자의 이익보호를 목적으로 한다는 점에서 특색이 있다.

■ 생각해 보기 ■

1) 소비자 입장에서 생각해 보면 약값은 너무 비싸다. 특허권자에게 로열티를 지불하지 않아도 된다면 훨씬 싼 값에 약을 공급할 수 있을 것인데 특허제도는 왜 존재하는 것일까?

새로운 기술을 개발하는 자는 상당한 시간과 비용을 소비하게 되는데 제품을 판매하면서 기술개발에 대한 대가도 제품의 가격에 포함시킴으로써 그동안의 노고를 보상받을 수 있다. 그런데 특허제도가 없는 세상에서는 제품이 일단 출시되면 제3자가 이를 공짜로 복제하는 것을 막을 방법이 없다. 다른 제품 판매업자는 모방품을 싼 값에 판매하더라도 기술개발을 위해 투자한 비용이 없기 때문에 여전히 이익이 남을 것이다. 똑같은 제품을 보다 싼값에 구입할 수 있다면 누가 비싼 제품을 구매하겠는가? 결국 모방품을 판매한 자는 그들의 생산비용을 모두 회수할 수 있는 반면, 새로운 기술을 개발한 자는 어디에서도 자신의 노력에 상응하는 보상을 받을 수 없다. 이와 같은 세상은 소비자에게 이익인 것처럼 보이지만, 아무도 새로운 기술을 개발하려고 하지 않을 것이어서 결국은 일반 공중인 소비자가 피해를 입게 된다.

2) 그래도 독점은 공공의 이익에는 반하는 것으로 생각되는데?

독점권을 부여하는 것이 오히려 공익의 증진에 도움이 되는 경우도 있다. 예컨대 의약품을 생산하기 위해서는 유효성과 안정성 실험을 거쳐 품목허가를 받아야 하기 때문에 의약발명의 제품화를 위해서는 막대한 투자가 필요하다. 그런데 일정기간 동안의 독점권에 의한 이윤의 보장이 없다면 실패의 위험 때문에 실시화를 주저하게 되어 오히려 발명의 활용이 이루어지지 않는 경우가 생길 수 있다. 일례로 영국의 알렉산더 플레밍경은 1929년 페니실린을 발견하였지만 가능한 모든 사람이 자유롭게 해당 발명을 이용할 수 있도록 하기 위해 특허출원을 하지 않았다.[46]

그러나 특허권에 의한 보호라는 보장책이 없자 어떤 제약회사도 실시화를 위한 투자를 하지 않아 이른바 공유지의 비극을 초래하게 되었다.[47] 그 후 영국 세균학자 플로리가 미국으로 건너가 연구를 계속하였고, 미국 제약회사는 특허를 취득함과 동시에 2차 세계대전 중 양산을 개시하여 결국 많은 인명을 구할 수 있게 되었다. 이는 특히 초기에 과도한 투자를 요하는 기술 분야에 있어서는 독점권을 부여하지 않은 경우 오히려 공유지의 비극이 일어날 수 있어서 독점권을 부여하는 것이 공익에 도움이 될 수 있다는 것을 보여 준다.

3) 특허권으로서의 보호는 절대적인가?

원래 지식이나 정보는 만인을 위한 만인의 것이다. 그런데 기술을 개발한 자에 대해 아무런 보상도 존재하지 않는 경우에는 새로운 기술을 애써 개발하기보다는 남이 이미 개발한 기술을 베끼려 하거나 자신이 개발한 기술내용은 공개하지 않으려고 할 것이기 때문에 기술발전이 저해되는 문제가 발생하게 된다. 이에 새로운 발명을 한 자에 대해서 그 발명을 공개하게 하고 그 공개의 대가로 일정기간 동안 독점권을 주는 특허제도가 생기게 되었다.

독점이 생기면 가격은 비싸질 수밖에 없다. 블록버스터 의약품 중 상당수는 특허권이 존속하는 상태이다. 다른 제품의 경우 가격이 비싸면 안사면 그만이고 가격은 수요공급의 원칙에 의해 결정되는 것이 원칙이다. 그러나 의약품은 국민의 건강권과 직결되므로 특별한 취급이 필요하다. 따라서 제약특허에 대해서는 일정한 요건하에 강제실시도 가능하도록 하고 약사법에 의한 조제행위와 그 조제에 의한 의약에는 특허권의 효력이 미치지 않게 하는 등 일정한 제한을 가하고 있다.

2. 특허제도 및 특허권

특허제도는 발명을 보호·장려함으로써 국가산업의 발전을 도모하기 위한 제도이며 (특허법 제1조) 이를 달성하기 위해 기술공개의 대가로 특허권을 부여하는 것을 구체적인 수단으로 사용하고 있다. 자신이 개발한 기술을 특허로 보호받기 위해서는 특허청에 특허출원을 하여야 한다. 특허청은 출원된 발명에 대해 심사를 진행하여 해당 발명이 산업상 이용가능성, 신규성 및 진보성과 같은 특허요건을 모두 갖춘 경우에는 특허결정을 한다.[48] 특허결정 등본을 송달받은 출원인이 특허등록료를 납부하게 되면 특허권이 설정등록된다. 특허권자는 특허권이 설정등록된 날부터 특허발명을 실시할 권리를 독점하고, 특허권의 존속기간은 출원일로부터 20년이다. 특허독립의 원칙에 따라 특허권은 해당 권리를 획득한 국가 내에서만 효력이 있다.

---

46) 그는 노벨상 수상식에서 "인명을 구하기 위한 발명은 많은 사람들이 사용할 수 있어야 하고, 의약분야에서 발명의 특허화는 도덕에 반하기 때문에 특허를 취득하지 않았다"고 했다고 한다.

47) '공유지의 비극'(tragedy of commons)이란 예컨대 기초연구에 있어서의 경쟁력은 여타 선진국에 비하여 월등하나 이를 '공유지'처럼 방치함으로써 국내 산업으로의 이전이 제대로 이루어지지 않고 오히려 다른 나라들이 이를 먼저 활용하여 상품화하는 것과 같은 상황을 말한다.

48) 특허권을 부여받기 위해서는 출원발명이 산업상 이용가능성이 있어야 하며, 출원하기 전에 이미 알려진 기술이 아니어야 하며(신규성), 선행기술과 다른 것이라 하더라도 그 선행기술보다 쉽게 생각해 낼 수 없는 정도로 발전된 것(진보성)이어야 한다.

〈그림 4〉 특허심사절차 흐름도[49]

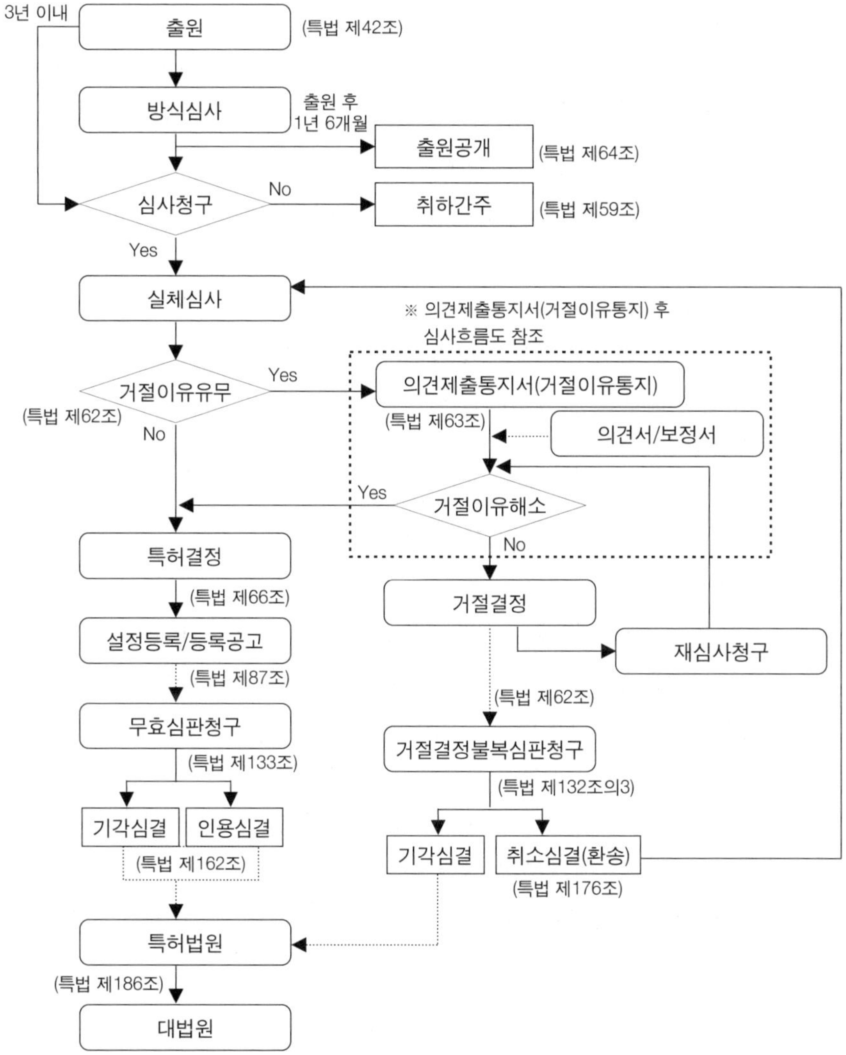

49) 특허청 홈페이지(http://www.kipo.go.kr/kpo/user.tdf?a=user.html.HtmlApp&c=10001&catmenu=m06_01_01)

3. 의약품 관련 특허의 특징

(1) 의약발명의 정의

'의약발명'이란 의약을 발명의 구성요소로 하고, 이 의약의 용도가 직접 혹은 간접적으로 인체에 관여되는 발명을 말한다. 표현상 '의약발명'이 아닌 것처럼 되어 있어도 실질적으로 의약의 발명내용을 포함하고 있는 경우에는 '의약발명'으로 본다.[50]

의약발명은 발명의 완성에 이르기까지 막대한 시간과 비용이 소모되며 개발이 실패로 끝날 확률도 높고, 일단 개발에 성공하더라도 제품화를 위해서는 또다시 유효성, 안전성 시험을 거쳐야 하는 등 기계나 전자분야 발명과는 다른 특성을 가진다. 그로 인해 의약발명은 특허권에 의한 보호가 필수적이라는 견해가 지배적이다.[51] 반면 의약은 국민의 생명이나 건강과 직결되는 것이어서 공익적 측면에서 특허권을 부여하지 않거나 권리를 제한해야 할 필요가 있는 분야이기도 하다.

특허법의 궁극적 목적은 산업발전이다. 특허법은 이와 같은 목적을 합리적으로 달성하기 위한 수단으로, 유용하고 새로운 기술을 개발한 자가 자발적으로 자신의 기술개발내용을 공개하게 하여 이어지는 후속연구의 바탕이 되게 하는 동시에 기술의 이용을 촉진하고, 해당 기술을 공개한 자에게는 합리적인 범위의 대가(인센티브)를 부여함으로써 기술발전의 원동력이 될 수 있도록 하고 있다. 그런데 부여된 인센티브가 너무 큰 경우에는 해당 발명의 이용이

---

50) 의약분야 심사기준 2. 산업부문의 적용범위(개정 6차, 2009.12, 특허청).

51) 신물질을 탐색하여 신약이 탄생하기까지는 막대한 비용과 시간이 소요되고 성공할 확률도 매우 낮으나, 일단 성공하기만 하면 매출액 대비 20~30%라는 큰 이윤을 얻을 수 있다고 한다. 이와 같은 제약산업의 특성상 특허권에 의한 보호는 투자한 R&D자금을 회수하는 중요한 수단으로 활용되고 있다.

저해되어 특허권으로 인해 오히려 해당 산업의 발전이 저해되는 결과를 초래할 수 있다. 반대로 인센티브가 너무 작은 경우에는 기술개발에 대한 의욕이 저하될 수 있다. 따라서 해당 기술 분야의 발전과 시대상황에 맞게 적절한 인센티브를 부여하여 기술발전의 선순환이 이루어질 수 있도록 하는 것이 무엇보다 중요하다. 의약발명의 경우에는 이에 더하여 공익적인 요소도 고려될 수밖에 없고 해당 국가의 의료상황 또한 고려되어야 한다.

우리 특허법은 처음에는 의약은 국민의 건강과 직결되는 문제라는 이유로 의약발명에 대한 특허성을 부정하다가 차츰 그 외연을 넓혀 가는 방향으로 발전해 왔다. 1961년 제정 특허법[52]에서는 관련 국내 산업을 보호하기 위하여 의약 또는 그 조합법, 화학방법에 의하여 제조할 수 있는 물질에 대하여 특허를 인정하지 않았다. 그러나 1987년 시행 개정 특허법[53]은 의약발명, 화학물질의 발명 및 용도발명에 대해서도 특허받을 수 있도록 발명의 보호 범위를 넓히는 한편, 2 이상의 의약을 혼합함으로써 제조되는 의약의 발명 또는 2 이상의 의약을 혼합하여 의약을 제조하는 방법의 발명에 관한 특허권의 효력은 약사법에 의한 조제행위와 그 조제에 의한 의약에는 미치지 아니하는 것으로 효력제한규정을 두게 되었다. 이처럼 우리나라는 1987년 물질특허를 도입하면서 의약용도발명에 대해서도 보호하기 시작하였다. 다만 인간을 치료하는 방법발명에 대해서는 산업상 이용가능성이 없다는 이유로 여전히 그 특허성을 부정하고 있다.

(2) 의약품 개발과정과 특허권에 의한 보호

앞서 살핀 바와 같이, 의약품의 개발과정은 크게 탐색단계와 개

52) 법률 제950호, 1961.12.31, 제정.

53) 법률 제3891호, 1986.12.31, 일부 개정.

발단계로 구분되고, 각 단계별로 획득한 연구 성과물을 그 특성에 맞게 특허로 보호할 수 있다.

1) **탐색과정에서의 특허**(물질특허)

탐색과정에서는 신물질을 합성하거나 천연물로부터 분리한 화합물의 화학적 구조를 확인하고 그 효능을 검색하여 후보물질을 선정하며, 이를 통해 새롭게 창출된 화합물에 대해서는 물질특허를 출원할 수 있다. 물질특허는 화학적 및 생물학적 방법에 의하여 제조된 유용성을 가진 신규한 물질 그 자체에 부여되는 특허로, 그 물질을 사용하는 모든 물건, 방법에 효력이 미치는 강력한 특허이다.[54]

2) **전임상시험**(Preclinical Trial) **단계에서의 특허**

전임상시험단계에서는 인체를 대상으로 실험하는 임상시험과 마찬가지로 투여를 위한 제형(Formulation)을 시험적으로 만들어 실험을 하게 되므로 이를 바탕으로 제형(Formulation)특허[55] 또는 조성물(Composition)특허[56]를 출원하게 된다. 전임상 단계에서 안전성 및 유효성이 어느 정도 검증되는 경우 상업적 활용을 위해서는 대량생산이 필수적이다. 원천특허의 명세서에 기재된 생산방법은 통상 물질특허를 확보하기 위한 수단으로 기재되는 것이 일반적이므로 이에 대한 생산방법을 개량하여 제조방법발명에 대한 특허를 출원하게 된다.

---

54) 일반적인 화학물질 이외에도 유전자, DNA 단편, 단백질, 미생물 등을 포괄하는 개념이다.

55) 의약품의 효과와 복용상의 간편성을 개선하기 위해 새로운 제형을 만들었을 때에는 제형특허가 부여된다.

56) 조성물특허는 약물의 안정화 또는 성분 배합 방법 등에 대한 것으로 안정화를 위해 약효를 내는 성분에 다른 물질을 섞거나 약제의 형상(알약, 필름, 분말)을 주기 위해서 부형제를 넣는 경우에 부여된다.

3) **임상시험**(Clinical Trial) **단계에서의 특허**

사람을 대상으로 유효성 및 안전성을 실험하는 임상시험단계에서는 실질적인 제형이 결정되고 이에 따라 제제(Formulation)특허를 출원하거나, 사람을 대상으로 처방을 하기 때문에 투여방법에 관한 특허를 출원하게 된다. 특히 임상단계에서는 동물실험(전임상)에서는 발견하지 못한 부작용이 발견되기도 하고, 사람에 대한 독성, 용해도(Solubility), 안정성(Stability) 등의 문제가 발생하기도 한다. 이를 극복하기 위해서 DDS(Drug Delivery System)를 이용한 개량된 제제특허를 출원하거나, 염(Salt), 수화물(Hydrate), 결정형(Crystal form) 연구를 통해 특허를 출원하게 된다. 특히 라세미(Racemic) 혼합물 신약후보는 입체 형태에 따라 독성을 야기하기 때문에 기존의 라세미 물질을 개량하여 안전하고 유효한 광학이성질체(Optical Active Compound, Enantiomer)에 관한 개량된 물질특허를 출원하게 된다.

4) **사용과정에서의 특허**

의약품 개발 또는 허가 이후 사용과정에서 처음 기대한 용도와는 다른, 부작용을 나타낼 경우에는 이를 이용하여 새로운 용도로 특허출원을 할 수 있다.[57] 또한 제품을 지속적으로 개량하여 제형

---

57) 이어지는 개량발명; 물질발명 → 제1용도발명 → 제2용도발명.

1) (아스피린) 버드나무 껍질에 함유된 살리실산은 '의학의 아버지'로 불리는 히포크라테스가 사용했다는 기록이 있다. 그 후로도 살리실산은 해열과 소염에서 탁월한 효능을 보이며 사람들의 사랑을 받았다. 살리실산은 의학적인 효과가 있었지만 위벽을 자극하며 설사를 일으키고, 많이 먹을 경우 죽는 경우도 있었다. 1897년 독일 바이엘사의 연구원 펠릭스 호프만은 살리실산의 히드록시기를 아세틸기와 에스테르화 반응을 시켜 아스피린을 만들었는데 살리실산의 부작용이 크게 줄어들었다. 그 후 '혈전'이 생기지 않도록 하는 기능이 규명되면서 뇌졸중이나 심근경색을 예방하는 약으로 주목받고 있다.

2) (미녹시딜) 미녹시딜은 원래는 고혈압치료제로 개발된 약이다. 그 후 전신의 털이 자라나는 부작용에 착안하여 발모제로 개발되었다.

3) (비아그라) 비아그라 성분인 실데나필(sildenafil)은 원래 협심증 관련 약

개발, 개량된 제조방법, 수화물, 결정형 특허를 출원하기도 한다. 이와 같은 후속 특허는 향후 물질특허가 만료된 후 제네릭 의약품을 판매하고자 하는 자에게는 걸림돌이 되고 신약개발자 입장에서는 특허권을 연장하는 수단이 된다.

(3) 의약품 분야 특허이슈 특성 및 보완

의약품 영역에서 특허권 문제는 다른 분야에 비해 더 다양하고 적극적으로 제기되는 경향이 있다. 의약품 혁신에 소요되는 비용이 거액이고, 신약개발과 시판을 위한 인허가 기간이 길어 이로 인해 특허로 보호되는 실질적 기간이 상대적으로 짧기 때문이다. 이러한 의약품 분야의 환경과 특성으로 인해 특허가 제대로 그 기능을 수행하면서 혁신성을 유지하기 위해서는 보다 강력한 특허보호장치로 보완될 필요가 있다.

의약품 특허에 대한 첫 번째 보완장치는 특허권 존속기간 연장등록제도이다. 의약품이 질병의 치료에 실제 적용되기 위해서는 인허가 절차가 장기간 소요되고, 이로 인해 특허권을 사용할 수 있는 기간의 실질적으로 축소되므로 효력 유지 기간을 연장해 주는 것이다.[58]

동시에 현행 특허제도하에서 특허권자들은 에버그리닝 전략[59]

물로 개발되었으나 음경해면체 확장 작용의 '발견'으로 전혀 다른 용도인 발기부전치료제로 개발된 사례이다.

58) 특허법 제89조(허가 등에 따른 특허권의 존속기간의 연장) ① 특허발명을 실시하기 위하여 다른 법령에 따라 허가를 받거나 등록 등을 하여야 하고, 그 허가 또는 등록 등을 위하여 필요한 유효성 · 안전성 등의 시험으로 인하여 장기간이 소요되는 대통령령으로 정하는 발명인 경우에는 제88조 제1항에도 불구하고 그 실시할 수 없었던 기간에 대하여 5년의 기간까지 그 특허권의 존속기간을 한 차례만 연장할 수 있다.

59) 의약품 관련 물질특허 등록 후, 개량특허(광학 이성질체, 신규염, 결정다형, 제형, 복합제제, 신규 제조방법, 대사체, 신규용도 등)를 계속 출원하여

을 통해 자신의 권리를 극대화하기 위해 노력한다. 에버그리닝 전략이 부실 특허를 이용하여 시장지배력을 항구화하려는 부정적인 의미가 있는 것도 사실이지만, 특허권자의 입장에서는 현행 특허법 체계에서 인정하는 제도를 가장 효과적으로 활용하는 바람직한 전략으로 볼 수도 있다.

한편으로는, 후발의약품의 시장 진입 이후에 특허권 침해와 손해배상을 구하는 특허제도하에서의 수동적 대응을 넘어, 후발의약품의 인허가단계에서부터 적극적으로 특허를 고려토록 하는 의약품 허가특허연계제도를 새로 도입하기도 한다.

특허에 의한 시장독점 범위 · 기간을 확대하여 수익을 극대화하는 경영 전략을 말하며, 특허권이 늘 푸른 나무처럼 살아 있게 하는 전략이라 하여 '에버그리닝 전략(evergreening strategy)'이라고 부른다.

제2장

의약품 허가특허연계제도 일반론

제1절 의약품 허가특허연계제도의 개념

1. 의약품 허가특허연계제도의 정의

허가특허연계제도란 문자 그대로 의약품의 허가제도와 특허제도를 연계시켜 운용하는 것을 말한다. 이 제도의 도입 전에는 의약품에 대한 품목허가와 특허권 보호는 원칙적으로 서로 별개의 법체계하에서 서로 다른 기관과 절차에 의해 규율되는 것이다. 우리나라의 경우에도 의약품 품목허가는 식품의약품안전처(이하 '식약처')에서 담당하고 있으며, 의약품 관련 특허권의 등록은 특허청에 의해 행해진다. 따라서 의약품에 대한 품목허가 신청이 있으면 의약품 규제당국은 그 의약품의 안전성과 유효성 이슈를 심사하여, 허가할지 여부를 결정하면 되고, 특허 등 다른 사유를 허가심사 절차에서 고려하지는 않는 것이 원칙이다.[1] 그런데 의약품 허가특허연계제도가 도입되면, 특허 존속기간이 남아 있는 의약품의 자료에 근거한 후발의약품의 품목허가신청이 있는 경우, 식약처는 특허권자에게 이러한 사실을 통보해야 하고 아울러 특허권자의 동의 또는 묵인 없이 다른 사람이 제품을 판매하는 것을 방지하기 위한 시판승인 절차에서의 조치를 취해야 한다.

2. 의약품 허가특허연계제도의 도입 배경

의약품 허가특허연계제도는 1984년 미국의 Hatch-Waxman Act[2]

---

1) 유럽연합의 경우 오히려 규칙(Regulation (EC) No. 726/2004)을 통해 의약품 안전성 · 유효성 이외의 사유로 시판 허가 신청을 거절할 수 없다고 명시하여 다른 사유에 대한 고려를 금지하고 있다.

2) 정식 명칭은 「의약품 가격 경쟁과 특허기간 연장에 관한 법률」(The Drug

에 의해 처음으로 도입된 제도이다. 당시 미국은 신약에 대하여 실질적으로 부여되고 있는 과도한 특허보호를 일정정도 제한하고, 후발의약품의 원활한 진출을 도모하며, 이 과정에서 발생할 수 있는 특허권자 등의 권리 침해 가능성을 차단하기 위한 다양한 이해관계들이 복잡하게 얽혀 있는 상황이었다. 동법은 이러한 상황들을 복합적으로 고려하여 제정된 것으로서, 신약개발자와 제네릭 의약품 판매자의 타협의 결과라고 할 수 있다.[3] 또한 앞에서 살펴본 바와 같이 높은 개발비용과 제네릭 진입의 용이성, 제네릭 진입에 따른 특허권자의 피해와 제네릭 기업이 얻는 이익의 불균형,[4] 한번 시장에 출시된 의약품은 안전성・유효성 이외 사유로 퇴출되기 어렵다는 의료시장의 특수성, 사람의 건강과 생명에 직결되어 있다는 의약품 수요의 특수성 등이 복합적으로 작용하였다고 볼 것이다.

Price Competition and Patent Term Restoration Act of 1984)이다(이하 Hatch-Waxman법이라고 한다). 이 법에서는 1) 허가절차로 인해 특허권 행사기간이 실질적으로 줄어든 것에 대한 존속기간 연장(5년 이내), 2) 후발의약품 판매허가를 위한 자료를 얻기 위해 특허발명을 실시하는 행위에 대한 특허침해책임 면책, 3) 제네릭이 생물동등성자료에 근거하여 약식신약신청(Abbreviated New Drug Application)을 가능토록 하였다.

3) Amy Stark, "The Exemption from Patent Infringement and Declaratory Judgments: Misinterpretation of Legislative Intent?", 31 *San Diego L. Rev.*, 1994, pp.1057-1060.

4) 보험약가를 적용하는 경우, 제네릭 진입에 따른 이익의 상당부분을 정부(또는 보험사)가 향유하므로, 오리지널 제약사와 제네릭 제약사 간의 손익이 일치하지 않는 현상이 더욱 크게 발생하게 된다.

제2절 의약품 허가특허연계제도에 대한 비교법적 고찰

1. 서 론

의약품 허가특허연계제도는 제약산업의 특성과 미국의 산업구조가 가지는 독특함이 결합하여 만들어진 제도라고 볼 수 있다. 따라서, 이 제도가 모든 국가에서 일반적으로 운영되는 것은 아니며, 제도도입을 명시적으로 반대하는 국가[5]도 있다. 한편, 미국을 비롯하여 미국과 FTA를 체결한 나라들은 공통적으로 허가특허연계제도를 도입하고 있는바, 그를 중심으로 동제도에 대해 비교법적으로 고찰해 보고자 한다.

2. 미 국

(1) 도입 배경

1) 도입 전 상황

1962년에 제정된 미국 연방 약사법(Federal Food, Drug, and Cosmetic Act)에 따르면 의약품을 판매하고자 하는 자는 FDA(Food and Drug Adminstration: 이하 'FDA')에 신약신청(New Drug Application: 이하 'NDA')을 하여 승인을 획득하는 것이 유일한 방법이었으며, 이를 위해서는 반드시 해당 의약의 인간에 대한 유효성(efficacy) 및 안전성(safety) 입증자료를 제출하여야 하였다.

이와 같은 기준은 신약뿐 아니라 제네릭 의약품에도 동일하게 적용되었고, 신약에 대한 특허가 만료된 후에도 임상실험에 소요되

5) EU는 허가특허연계제도를 명시적으로 반대하고 있는 대표적 사례이다.

는 높은 비용과 긴 허가기간 때문에 제네릭 의약품의 출시가 늦어지고 제한적일 수밖에 없었다. 이에 대해서는 (i) 인간에 대한 무의미한 반복적인 실험은 인간존중에 반하고 (ii) 쓸데없는 시간과 비용을 낭비하며 (iii) 오리지널 의약품에 대한 특허권 존속기간이 불합리하게 연장되어 제네릭 의약품의 시장진입을 지연시킨다는 비판이 있었다. 한편 1960년대와 1970년대에 발생한 의약품관련 부작용 사례들로 인해[6] FDA는 더욱 엄격한 안전성을 요구하게 되었고 그로 인해 1980년대 초에는 의약품 허가에 소요되는 기간이 특허권 존속기간의 절반에 해당하는 상황에 이르게 되었다고 한다.

2) 특허 존속기간 중 허가 신청의 특허 침해 여부

1983년, 의약품 특허침해 태양과 관련된 매우 의미 있는 사건[7] (일명 Bolar 사건)이 발생하였다. Roche Products, Inc.(이하 'Roche')는 Dalmane이라는 의약품의 품목허가권자이자 그 의약품의 유효성분인 flurazepam의 특허권자이다. Bolar Pharmaceutical Co.(이하 'Bolar')는 제네릭 제약회사로서 해당 특허권의 존속기간 만료 후, 바로 Dalmane에 대한 제네릭 의약품의 판매를 준비하고 있었다. 그러나 FDA로부터 의약품 허가를 받기 위해 필요한 시험 및 데이터 준비와 허가절차에 상당한 시간이 소요되므로, Bolar는 Roche의 flurazepam 특허가 만료되는 즉시 해당 제네릭 의약품을 제조하기 위하여, FDA 허가에 필요한 시험을 Roche 특허의 존속기간 중에 실시하였다. 이에 Roche는 Bolar의 시험실시가 자신의 특허권을 침해하였다고 주장하면서 특허침해소송을 제기하였다. 이에 Bolar는 자신이 실시한 시험들은 FDA로부터 허가를 받기 위해 실시한 것으로써 특허 발명의 시험적 사용에 해당하는 것이므로 특

6) 탈리도마이드의 최기형성(催奇形成)에 의한 팔이 없는 기형아의 출산 등.

7) Bolar 사건은 법원이 FDA로부터 의약품 허가를 받기 위해 실시한 시험 등도 특허권을 침해한 것이라고 보았다는 점에서 의미가 있다.

허권 침해에 대한 면책이 인정되어 특허 침해가 아니며, 만약 허가를 받기 위해 필요한 시험이 특허가 만료된 이후에야 비로소 실시될 수 있다면 특허 존속기간이 실질적으로 연장되는 것이므로 특허제도의 취지와 배치된다고 주장하였다. 이에 대해 미국연방항소법원(CAFC)은 Bolar가 Roche의 특허 발명을 실시한 것은 비상업적 목적의 연구개발이 아니라, 전적으로 상업적 목적으로 이루어진 것이므로, 특허권 침해에 해당한다고 판결하였다.[8] 더불어 특허권의 실질적 연장 문제는 법원이 정하는 것이 아니라 입법부에서 처리해야 하는 것이라고 하였다. 이와 같이 미국에서는 특허권 만료 이전에 의약품의 임상 실험을 수행하는 것도 특허권 침해로 인정하였으므로, 신약 특허권자는 서류상의 특허 존속기간보다 더 긴 보호 기간을 실제 영위할 수 있었다. 이러한 이유로 제네릭 의약품의 출시는 상당히 지연될 수밖에 없었고, 국민의 의약 접근성은 상대적으로 제약되었기에 위와 같은 문제를 해결하기 위한 방안이 모색되고 있었다.

3) Hatch-Waxman Act의 입법 경위

최초의 법안은 단지 의약품의 허가 과정으로 인하여 줄어드는 특허권의 존속기간만을 회복시켜 주는 내용[9]이었으나, 치열한 찬반 논쟁으로 인하여 그대로 입법되지 못하였다. 이후 제네릭 의약품 허가 기간의 지연으로 제네릭 의약품의 출시 지연을 방지하기 위한 취지의 의약품 가격 경쟁법에 관한 논의가 진행되었는데, 특허 신약업체와 후발 제약업체들은 협상 끝에 특허권 존속기간의 회복과 의약품 가격 경쟁에 관한 내용을 동시에 입법하는 타협안을 마련하였다. 그 논의과정에서 제네릭 의약품 업체가 FDA의 허

8) 733 F.2d 858(Fed. Cir. 1984).

9) ANDA 등 후발의약품의 신속한 시장 진입을 가능하게 하는 제도에 관한 내용은 포함하지 않았고, 의약품의 허가 절차로 인해 줄어든 만큼의 특허권 존속기간을 회복시켜 주는 내용을 포함하였다.

가를 얻기 위한 자료 수집 행위는 특허권 침해가 아니라는 것이 포함되어 있었지만, Bolar 판결에 따라 이해관계자들 사이에서 심각한 논쟁이 다시 제기되었다. 결국 제네릭 의약품 업체가 FDA 허가신청을 하기 위해 시험하는 자체는 특허권 침해가 아니지만[10] FDA에 허가를 신청하는 것은 특허권 침해[11]라고 간주하는 조항과 함께 제네릭 의약품 허가 신청 시 신약의 자료를 인용[12]할 수 있도록 결론지어졌다. 더불어 특허 존속기간 만료 전에 제네릭 의약품이 허가를 받아 신약에 관련된 특허권에 대한 침해가 보다 용이해질 수 있다는 특허권자의 우려를 해소시키고자, 제네릭 의약품 허가 신청에 대해 특허권자가 이의를 제기하는 경우 30개월 동안 제네릭 의약품의 허가를 자동 유예(automatic stay)하는 제도도 함께 도입하였다. 즉, 본 법은 제네릭 의약품의 진입을 촉진하는 동시에 특허권자의 권리도 고려하는 취지 아래 제정된 것이다.

동법의 제정으로 특허권자는 신약허가를 받기 위한 시험에 소요된 기간동안 특허권을 행사하지 못했던 손실을 보상받을 수 있게 되었다. 한편 제네릭 의약품 허가 신청자는 ANDA를 통해 보다 쉽게 시장에 진입할 수 있게 되었다. 아울러 기존 미국 판례에 따르면, 제네릭 의약품 개발자가 신약의 특허권 존속기간 중에 제네릭 의약품의 판매허가를 위한 시험을 하는 경우, 특허권침해에 해당하게 되는데,[13] 미국은 특허법을 개정하여 이와 같은 행위는 침해가

10) 35 U.S.C. §271(e)(1).

11) 35 U.S.C. §271(e)(2).

12) '간이신약신청제도'(ANDA: Abbreviated New Drug Application)라고 한다.

13) Roche Products, Inc.와 Bolar Pharmaceutical Co. 간의 특허침해 소송사건에서 CAFC는 볼라의 의도적인 시험적 사용은 전적으로 사업적 목적으로 위한 것이지 취미 또는 호기심을 충족시키기 위한 것이 아니므로 볼라가 FDA의 허가를 받기 위해 염산 flurazepam을 의도적으로 사용한 것은 로슈의 특허권을 침해한 것이라고 판결하였다[733 F.2d 858, 221 USPQ 937

아니란 점을 명확히 하였다. 개정 미국 특허법은 특허권의 존속기간 중 FDA 허가에 필요한 자료수집을 위한 시험은 특허권 침해가 아니라고 규정하면서[14] 제네릭 개발자가 신약의 특허권 존속기간 중 FDA에 허가를 신청하는 것을 특허권 침해로 간주하였다.[15]

(2) 주요 내용

1) 오렌지북에 특허 등재

1984년 Hatch-Waxman Act에 의해 개정된 미국 약사법에서는, 신약을 개발한 자는 FDA에 NDA(New Drug Application)를 신청하는 경우 신약의 유효성(efficacy) 및 안전성(safety)을 입증하는 자료를 제출하여야 하고, 아울러 해당 신약과 관련된 특허번호 및 특허권 존속기간 만료일과 같은 정보를 FDA에 제공할 수 있도록 하고 있다.[16] 해당 정보는 FDA에 의해 즉시 또는 일정한 기간이 경과한 후에 공개되는데 이와 같은 정보를 담고 있는 책자를 '오렌지북'[17] 이라고 한다.

2) 특허관계의 소명

신약의 자료를 인용하여 제네릭 의약품 허가를 신청하는 자[18]는 신청 시 오렌지북에 등재된 신약 특허와 관련하여 아래 4가지 경우 중 어느 것에 해당하는지를 밝혀야 한다.[19]

(Fed. Cir. 1984) 863, 221 USPQ 941].

14) 35 U.S.C. §271(e)(1). 이를 소위 '볼라조항'이라고 한다.

15) 35 U.S.C. §271(e)(2).

16) 21 U.S.C. §355(a).

17) 최근에는 이와 같은 정보는 인터넷을 통해 공개되지만(http://www.fda.gov/cder/ob/default.htm) 인터넷이 도입되기 이전에는 FDA가 발간하는 책자를 통하여 공개되었는데, 동 책자의 표지가 오렌지색이어서 'Orange Book'이라고 부르기 시작하였다고 한다.

18) 후발의약품(ANDA) 또는 자료제출 의약품[21 U.S.C. §355(b)(2)]에 대한 허가신청자를 의미한다.

– Paragraph Ⅰ: 해당 의약품에 관한 특허정보가 제출된 적이 없다.

– Paragraph Ⅱ: 해당 의약품에 관한 특허 존속기간이 만료되었다.

– Paragraph Ⅲ: 해당 의약품의 특허 기간 만료 후에 후발의약품을 판매할 것이다.

– Paragraph Ⅳ: 신약에 관한 특허가 무효이거나 허가 신청하는 의약품이 해당 특허를 침해하지 않는다.

제네릭 의약품 허가 신청자가 paragraph Ⅰ 또는 Ⅱ를 제출한 경우에는 그 제네릭 의약품허가 신청이 허가에 필요한 다른 요건을 모두 충족시킨다면, 바로 제네릭 의약품을 허가한다. 그러나 paragraph Ⅲ를 제출한 경우에는 설령 그 제네릭 의약품 허가 신청이 허가에 필요한 다른 요건을 모두 충족시킨다 하더라도 대응되는 특허권의 존속기간이 만료될 때까지 그 후발의약품의 허가는 연기된다. 제네릭 의약품 허가 신청자가 paragraph Ⅳ로 신청하는 경우 특허 분쟁의 가능성이 있으며, 이는 의약품 허가특허연계제도의 직접 대상이 된다.

3) 판매금지조치

"Paragraph Ⅳ" 허가신청을 하는 ANDA 신청인은 그 신청 사실을 특허권자에게 통지하여야 하고, 이와 같은 사실을 통지받은 특허권자가 통지를 받은 때로부터 45일 이내에 특허권침해금지청구소송을 제기하는 경우에는 FDA의 허가절차가 일정기간 자동중지(automatic stay)되게 된다.[20]

19) 505(b)(2) 허가 신청의 경우 21 U.S.C. §355(b)(2)(A), ANDA 허가 신청의 경우 21 U.S.C. §355(j)(2)(A).

20) 특허권자가 45일 이내에 특허침해소송을 제기하지 않은 경우에는 그때부터, 소송을 제기한 경우에는 30개월의 중지기간이 경과한 날, 법원이 특허가 무효이거나 침해되지 않았다는 판결을 한 날, 특허권 존속기간 만료일 중 가

4) 제네릭 독점권(Generic exclusivity) 제도

paragraph IV를 제출하면서 제네릭 허가 신청 요건을 실질적으로 완벽하게 갖추어서 최초로 신청서를 제출한 자에게 180일 동안 그 제네릭 의약품을 독점적으로 판매할 수 있는 판매독점권을 부여한다. 1984년 Hatch-Waxman Act에 규정된 바에 의하면, 180일의 기산일은 그 제네릭 의약품의 상업적 판매가 시작된 날 또는 특허관계 소명 대상인 특허가 무효이거나 그 특허를 침해하지 않았다고 법원이 판결한 날 중에서 이른 날이다.[21] 이러한 시판 독점권 제도는 다른 제네릭 의약품의 출시를 저지할 수 있으므로 제네릭 제약사에게 특허 소송과 그에 따른 비용 지불의 위험에도 불구하고 특허를 분석하고, 그 특허를 회피한 의약품의 개발을 촉진하게 하는 동기를 부여한다.

(3) 미국제도에 대한 평가

미국 허가특허연계제도의 특징은 허가당국의 역할 최소화에 있다. 규제당국은 행정적 처리를 중심으로 수행하고, 특허의 등재에서부터 시판금지 및 제네릭 독점권 부여 등 전 과정에서 당사자들의 노력과 법원에서의 쟁송이 보다 더 중요하다. 이는 미국 제도와 산업의 특성이 반영된 결과로 보여지나, 몇 가지 영역에서는 상당한 문제점이 발생할 여지가 있다.

첫째, 특허관계 소명 대상 중 Paragraph Ⅰ(특허정보 미제출)과 Paragraph Ⅱ(존속기간 만료)는 애초부터 의약품 허가특허연계제도의 대상이 되지 않는 것이 타당하다.[22] 존재하지 않는 특허에 대해

장 빠른 날에 품목허가의 효력이 발생한다[21 U.S.C.§355(j)(5)(B) (iii)].

21) 21 U.S.C. §355(j)(5)(B)(iv).

22) 505(b)(2) 허가 신청의 경우 21 U.S.C. §355(b)(2)(A), ANDA 허가 신청의 경우 21 U.S.C. §355(j)(2)(A), 의약품 허가특허연계제도는 의약품 관련 특허가 유효하게 존속하고 있어야 하고, 그 특허가 허가당국에 통보됨에서부

특허관계를 소명하는 것은 불필요하고 과다한 요구인 것이다.

둘째, 오렌지북 운영에 있어서 규제당국에 통보된 특허에 대한 해당 의약품과의 관련성 여부에 대해 심사를 하지 않아 허위 등재 문제가 발생할 수 있다. 규제당국은 신약의 허가권자 등이 통보한 특허에 대하여 형식적 요건만 갖추면 등재하고 있으나, 이러한 과정을 통해 등재된 특허가 향후, 시판중지 및 독점권 부여 등에 있어서 주요한 기준으로 작용한다는 측면에서 문제가 된다. 특히 시판금지 신청이 있는 경우 자동적으로 제네릭 의약품의 허가절차가 중지되는 상황에서는 더욱 그러하다.

셋째, 의약품과 직접 관련성이 인정되지 않는 특허의 등재는 제네릭 독점권의 부여 과정에서도 문제를 유발하게 된다. 등재 특허가 의약품과 관련이 없으므로, 후발의약품 신청권자는 등재특허를 침해하지 않았음을 주장하며 품목허가를 신청하고, 이어진 특허쟁송에서 승리할 경우 부당하게 제네릭 독점권이 부여될 수 있게 된다.

넷째, 시판금지 신청에 따라 허가절차가 자동중지(automatic stay)되는 것도 바람직하지 못하다. 무효가 될 가능성이 높은 특허에 근거하여 후발의약품 허가절차가 자동적으로 중지되는 것은 합리적이지 않을 뿐만 아니라, 이에 따라 발생하는 후발 기업과 국민들의 손해에 대한 보전방안이 충분하지 않은 상황에서는 최소한의 검토절차가 필요하다.

3. 캐나다

(1) 도입 배경

캐나다도 신약에 대한 기술개발 촉진과 제네릭 의약품의 조기

터 시작된다는 점에서, Paragraph I(특허정보 미제출)과 Paragraph II(존속기간 만료)가 동 제도의 적용 대상에서 아예 제외되는 것이 타당하다.

시장진입을 촉진시키기 위해 허가특허연계제도를 도입했다고 알려져 있다. 그러나 제도도입 전에도 이미 제네릭 의약품의 시장진입이 활발하였기 때문에, 1993년 북미자유무역협정(NAFTA) 체결에 따른 상호 의무를 이행하기 위해 불가피하게 도입하였다는 견해가 있다.[23)]

(2) 주요 내용 및 현황

1) 특허목록에 등재

캐나다의 의약품 허가특허연계제도는 보건부 내 OPML(Office of Patented Medicines and Liaison)에서 운영한다. 신약 허가 신청자는 허가 신청 시 또는 변경허가 신청 시에 등재를 원하는 특허를 제출해야 하며, 허가 신청 이후에 특허가 등록된 경우에는 등록 후 30일 이내에 등재를 신청해야 한다.[24)] 특허정보 중심으로 간략한 정보만이 등록된 미국과는 달리 허가정보, 제출 정보에 대한 정확성에 대한 확인서 등 상당히 상세한 내용[25)]을 특허목록에 포함하여 정보로서의 활용가치도 부여하고 있다. 한편, 미국 FDA가 단순 행정적 역할만을 하는 것과는 달리 OPML은 특허목록 등재를 위해 당국에 통보된 특허에 대해 등재의 적합 여부를 심사하여 판단한다.

---

23) 오승한, 특허허가 연계제도의 도입을 위한 주요국가 규제체계의 비판적 검토, 법제연구 제43호, 한국법제연구원, 2012.12.20, 331쪽.

24) Pateneted Medicines(Notice of Compliance) Regulations(SOR 93-133) §4(6).

25) Pateneted Medicines(Notice of Compliance) Regulations(SOR 93-133) §4(4), 신약 허가 신청(또는 허가 보완) 등 의약품 정보와 특허정보(특허번호, 출원일, 등록일, 존속기간 만료일 등), 신약 허가 신청자의 주소 등과 같은 기본정보를 비롯하여, 성분명, 상품명, 제형, 함량, 투여경로, 용도 등 허가정보도 일부 포함하며, 신약 허가 신청자가 특허권자 또는 전용실시권자이거나 특허권자의 동의를 얻었다는 진술, 제출하는 정보가 정확하며, 특허가 등재 요건을 충족한다는 증명서 등의 내용을 포함하고 있다.

2) **특허관계의 소명**

특허목록에 등재된 신약의 자료를 인용하는 제네릭 의약품 허가 신청자는 시판허가 신청 시에, 신약과 관련하여 등재된 특허의 만료 또는 특허존속기간 만료 이후에 판매하겠다는 진술을 하거나, 특허의 무효 또는 당해 의약품의 제조·사용·판매가 특허를 침해하지 않는다는 주장을 그 근거와 함께 진술해야 하고,[26] 신약 허가 신청자에게 그 사실과 주장의 근거를 통지해야 하는 것은 미국과 동일하다. 다만, 등재 자체를 다툴 수 없도록 규정한 미국[27]과 달리 등재된 품목허가권자가 특허권자(또는 특허권자의 동의를 얻은 자)가 아니라는 주장도 할 수 있도록 하여, 제네릭 의약품 허가신청 단계에서 등재의 적정성 여부를 다툴 수 있도록 하고 있다.

3) **판매금지조치**

제네릭 의약품 허가 신청 사실을 통보받은 신약 허가 신청자는 통지를 받은 날로부터 45일 이내에 법원에 보건부가 특허 만료 시까지 후발의약품의 판매허가를 할 수 없도록 할 것을 요청(판매금지신청)할 수 있다. 신약 허가 신청자가 특허권자가 아닌 경우에는 특허권자도 판매금지신청의 한 당사자가 된다. 일단 신청이 접수되면 24개월 동안 보건부는 제네릭 의약품의 허가를 할 수 없게 된다. 단, 24개월이 경과하기 전이라도 특허의 존속기간이 만료되거나, 특허가 무효 또는 제네릭 의약품이 특허를 침해하지 않는다는 법원의 판결이 나오거나, 특허권자가 제네릭 의약품의 제조, 생산,

26) Patented Medicines(Notice of compliance) Regulations(SOR 93-133) §5(3). 통지 내용은 후발의약품의 성분, 제형, 함량, 투여 경로 및 용도 등의 의약품 정보와 등재특허의 무효 또는 비침해를 주장하는 법적 및 사실적 근거에 대한 상세한 서술을 포함토록 하고 있다.

27) 미국의 이전 법에서는 등재의 타당성 여부를 다툴 방법이 없었으나, 2003년 법률 개정으로 제네릭 신청 이후 제기된 특허침해소송에서 반소로서 다툴 수 있도록 규정하였다.

사용 또는 판매에 동의하거나, 신약 허가 신청자의 신청이 철회 또는 취하되거나, 법원에 의해 기각된 경우에는 판매 허가가 가능하다.[28)]

미국에서는 제네릭의 paragraph IV 통지에 근거하여 특허권자가 특허침해소송을 제기하는 데 반해, 캐나다에서는 제네릭 의약품 허가 신청 사실의 통지에 대해 특허권자가 제기하는 것이 보건부 장관이 제네릭 의약품 판매허가를 부여하지 않도록 하는 금지 명령을 구하는 사법상 이의절차라는 점에서 성격이 다르다.[29)] 이의절차에서 후발 허가 신청자의 주장이 타당하다고 법원이 판단하면 보건부 장관은 다른 사유가 존재하지 않는 한 제네릭 의약품의 판매허가를 할 수 있다.[30)]

4) **판매금지에 따른 신약신청자의 배상**

판매금지 신청에 대하여, 신약 신청자가 그 신청을 취하하거나, 법원이 기각하는 경우, 또는 제네릭 의약품 허가금지명령이 항소를 통해 번복되는 경우에 신약신청자는 제네릭 의약품 신청자가 받은 손해를 배상할 책임을 진다.[31)] 손해배상은 ① 판매금지 신청이 없었다면 제네릭 의약품이 적정하게 허가되었을 것으로 판단되는 시점부터 취하 · 기각 또는 번복까지의 기간 동안, ② 신약신청자 또는 제네릭 의약품 신청자의 행위를 포함하여, 신청 처리 지연에 관련 있다고 판단하는 모든 사안을 고려하여 배상액을 결정한다. ③ 보건부 장관에게는 손해 배상 책임이 없다.

28) Patented Medicines(Notice of compliance) Regulations(SOR 93-133) §7(1)-(3).

29) 오승한, 특허허가 연계제도의 도입을 위한 주요국가 규제체계의 비판적 검토, 법제연구 제43호, 한국법제연구원, 2012.12.20, 343쪽.

30) Patented Medicines(Notice of compliance) Regulations(SOR 93-133) §7(4).

31) Patented Medicines(Notice of compliance) Regulations(SOR 93-133) §8.

(3) 캐나다 제도에 대한 평가

캐나다는 미국과 같은 북미지역에 있지만, 의약품 허가특허연계제도는 매우 다르게 운영되고 있다. 이미 제도 도입 전부터 상당한 정도로 제네릭이 활성화되었기 때문에, 특허권자의 권리 보호와 함께 부당한 권리행사를 방지하는 내용을 중심으로 허가특허연계제도를 구성한 것으로 보인다. 한편, 다른 나라와 달리 의약품 허가법령이 아닌 특허법의 수권을 받아 허가특허연계제도를 규율하고 있다는 점은 캐나다 법의 가장 큰 특징이다. 그로 인해, 제네릭 독점권이 도입될 수 없었을 것으로 생각된다. 특허권이 무효가 되는 경우 그 특허권은 처음부터 없었던 것으로 보는데, 특허권을 무효로 시킨 대가로 특정인에게 또 다른 독점권을 설정하는 것은 특허법의 취지와는 배치되기 때문이다.

아울러 캐나다는 개별 의약품의 개발 및 시장 진입에 직접적으로 기여한 경우에만 허가특허연계제도의 대상이 될 수 있도록 등재대상을 한정하고 있다. 이를 위해 등재대상을 의약품 품목허가 신청 전에 출원된 특허로 한정하고, 등재심사도 매우 엄격히 수행하여, 상당수(약 20%)의 등재를 거절하고 있다.[32] 또한 판매금지 요건이 엄격하여 법원의 인용 확률이 상대적으로 낮고, 상당수가 재판 과정에서 화해 등에 의해 취하되는 것으로 보인다.[33]

---

32) 2006년 총 962건의 특허등재가 신청되었는데 그해 등재된 특허는 447건이었고 등재가 거부된 건수는 273이었다(박실비아, 미국과 캐나다의 의약품 허가-특허 연계제도, 약제학회지, 제38권 제3호, 2008, 212쪽).

33) 2005년의 경우 특허도전 62건, 특허소송 51건이 있었으나, 소송결과는 판매금지 3건, 판매허가 6건에 불과하였다(박실비아, 미국과 캐나다의 의약품 허가-특허 연계제도, 약제학회지, 제38권 제3호, 2008, 214쪽, Table VI – 캐나다 허가-특허 연계제도 하의 특허분쟁 현황).

4. 호 주

(1) 도입 배경

호주는 2004년 미국과의 자유무역협정에 따른 부속조치로 의약품 허가-특허연계제도가 의무화됨에 따라, 2006년 의약품법의 개정을 통해 동 제도를 도입하였다.[34] 후발의약품 등의 품목허가 신청 시 특허권자에게 통지토록 하는 반면, 특허권자에게 엄격한 의무를 부담지우는 등 호주 고유의 절차를 입법화하였다.

(2) 주요 내용

1) 특허목록의 부존재

미 · 호주 FTA에서는 한 · 미 FTA 협정문상 의약품 허가특허연계제도 관련 규정에 존재하는 "의약품 허가 당국에 통보된 특허(a patent notified to the approving authority)"[35]라는 표현이 없다. 따라서 별도의 의약품 특허목록이 존재하지 않으며, 특허권자 등이 자신의 특허를 의약품 허가특허연계제도를 통해 보호받기 위하여 추가적으로 특허를 등재할 필요가 없다. 결국 특허청에 등록된 특허 전체가 동 제도의 적용대상이 될 수 있다.

2) 특허관계의 소명

제네릭 의약품 허가 신청자가 신약의 안전성 · 유효성 자료를 원용하는 경우에는 의약품 허가당국에 ① 특허의 유효한 청구항을 침해하는 상황에서 제품을 시판하지 않거나 또는 시판 계획이 없다는 것을 소명하거나, ② 당해 의약품은 특허가 있는 제품이고, 특

---

34) 미 · 호주 FTA 제17.10조 4항 및 Therapeutic Goods Act of 1989(TGA of 1989).

35) 한 · 미 FTA 협정문의 경우 제18.9.5조(a)에 규정된 내용으로 의약품 특허 등재의 근거가 되며, 우리 약사법은 제50조의2(의약품에 관한 특허권의 등재)에서 특허목록 운영을 규정하고 있다.

허기간 만료 전에 제품을 시판하려고 하며, 특허권자에게 품목 허가(또는 신고)에 대하여 고지하였다는 것을 소명하여야 한다.[36]

3) 특허권자의 특허 소송과 조건

제네릭 의약품 허가 신청자로부터 특허의 존속기간 중에 의약품의 안전성 · 유효성 증거 또는 정보를 근거로 후발의약품 허가 신청을 했다는 사실을 통지받은 특허권자는 제네릭 의약품 허가 신청자를 대상으로 특허 침해를 이유로 소송을 제기할 수 있다. 특허권자는 소송을 개시하기 전에 허가 당국 및 제네릭 의약품 허가 신청자에게 "소송은 선의에서 이루어지는 것이며, 합리적인 승소 가능성[37]이 있고, 부당한 지연 없이 수행될 것"이라는 내용을 포함한 확인서를 제출해야 한다.[38] 특허권자의 판매금지 신청은 법원에 대한 중간 구제(Interlocutory relief)에 의해 이루어진다. 중간구제 신청 전에 특허권자는 정부, 주 또는 지역의 검찰에게 신청 사실을 서면으로 미리 고지해야 한다.

4) 판매금지에 따른 신약신청자의 배상

판매금지에 대해 제네릭 의약품 신청자는 연방법원 또는 검찰의 허가를 받아 특허권자의 선언이 거짓이거나 오도된 경우 또는 TGA 26C(3)에서 제출된 확인서 내용을 위반한 경우 정부(commonwealth)에 벌금을 내도록 명할 것을 요청할 수 있으며, 법원은 특허권자가 소송 기간 중 특허권을 부당하게 이용한 것으로 인해 제네릭 의약

36) TGA 26B(1).

37) TGA 26C(4) 합리적인 승소 가능성이란 다음의 상황을 말한다.
- 특허권자가 파악할 수 있는 모든 상황을 고려하여 합리적으로 판단했을 때 자신의 특허가 침해받았다고 법원에서 최종 판결이 날 것이라고 믿을 만하다.
- 특허권자가 파악할 수 있는 모든 상황을 고려하여 합리적으로 판단했을 때 침해받았다고 주장하는 각각의 특허가 유효하다고 믿을 만하다 및
- 소송이 근거 없이 이루어지지 않았고 불합리하게 수행되지 않는다.

38) TGA 26C(3).

품 허가 신청자가 입게 된 손실 및 특허권자가 얻은 이윤 등을 근거로 하여 특허권자에게 벌금을 부과할 수 있다.[39] 만일 중간금지명령(interlocutory injunction)이 이루어진 이후에 특허소송이 정상적으로 진행되지 못하는 상황[40]이 발생하면, 법원은 특허권자에게 제네릭 의약품 허가 신청자와 정부 · 주 또는 지역에 대하여 손해를 보상토록 조치할 수 있다.[41]

(3) 호주제도에 대한 평가

호주의 허가특허연계제도도 기본 방향에 있어서는 캐나다 제도와 유사하게 특허권자의 권리남용을 방지하기 위한 방안을 마련하는 것에 중심을 두고 있다. 이에 따라, 특허 소송을 제기할 때, 합리적 이유가 있음을 진술해야 하며, 해당 진술이 거짓일 경우에는 벌금을 부과할 수 있도록 규정하고 있다. 또 법원이 특허권자에게 벌금을 명령할 때 특허권자가 얻은 수익뿐만 아니라 소송으로 인해 발생한 비용이나 손해까지 보상하게 할 수 있다. 이러한 조치들은 특허권의 과도한 보호를 사전에 예방하고 이에 근거한 특허소송의 남발 방지를 위한 호주 고유의 제도라고 할 수 있다. 엄격한 요건하에서의 판매금지제도 남용을 사전에 예방한다는 방어적 원칙과 방향하에서 제도가 운영되고 있으므로, 또 다른 독점권 부여라는

39) TGA 26C(5) 및 TGA 26C(6).

40) 특허권자가 상대편의 동의 없이 주요 소송을 중단시키거나, 주요 소송이 기각되었거나, 특허권자에게 알려진 모든 상황을 고려할 때 특허권자가 특허 소송에서 승소하리라는 합리적인 이유가 없다거나, 소송이 근거 없이 이루어져 남용되거나 또는 합리적으로 수행되지 않았다고 법원이 선언하는 경우를 의미한다(TGA 26D).

41) 제네릭 허가 신청자에 대한 보상은 중간 금지명령 기간 동안 특허권자가 제품 판매를 통해 얻은 총이익을 기반으로, 정부 · 주 또는 지역에 대한 보상은 중간 금지명령의 결과로서 입게 된 비용이나 손해를 기준으로 하여 산정된다.

논란이 있는 제네릭 독점권 제도는 도입하지 않고 있다.

5. 미국과 FTA 체결에 따라 제도를 도입한 국가들

(1) 페루, 파나마, 콜롬비아

이들 세 나라가 미국과 체결한 FTA 협정문에도 판매금지조치와 특허권자 등에게로의 통지 등이 주요 내용으로 포함되어 있다. 구체적으로는 오리지널 의약품의 안전성·유효성 자료에 근거하여 시판 허가를 신청한 제네릭 의약품에 대해, 특허권자의 동의 또는 묵인 없는 시판을 방지하기 위한 허가절차상 조치를 이행해야 하고, 특허의 존속기간 동안 제네릭의 시판허가를 요청하는 자의 신원을 특허권자가 통보받도록 한다는 내용이다.[42]

다만, 판매금지조치 및 특허권자에게로의 통지 판단 기준이 되는 특허를 "허가 당국에 통보된 특허(a patent notified to the approving authority)"로 한정하고 있지 않아 특허목록을 별도로 작성할 필요는 없다. 한편, 미국이 다른 나라들과 체결한 FTA 규정과는 달리 특허도전을 장려하는 절차의 마련 및 성공에 따른 보상을 제공할 것을 명시[43]하고 있는 점은 주목할 만하다. 그러나 특허기간 연장, 허가특허연계제도 등의 실시를 체약국이 자율적으로 결정할 수 있도록 하고, 자료독점 기간에도 예외를 규정하여,[44] 실질적으로 시행되

42) 페루·콜롬비아가 미국과 맺은 FTA 협정문 Article 16.10: Measures Related to Certain Regulated Products(파나마의 경우 Article 15.10).

43) 협정문 Article 16.10, 4(d)에서는 "당사국은 시판허가를 요청하는 자가 특허의 유효성 또는 이용 가능성에 도전할 수 있는 효율적인 행정적 또는 사법 절차 및 성공적인 도전에 대한 효과적인 보상을 제공한다"(effective rewards for a successful challenge of the validity or applicability of the patent)고 규정하고 있으나, 구체적인 시행 방안에 대한 언급은 없다.

44) 박실비아 외 2인, 한·미 FTA 협상과 의약품 관리제도의 발전적 개시 방안, 한국보건사회연구원, 2007, 62쪽.

고 있는지는 불확실하다.

(2) 싱가포르, 칠레 등

미국과의 FTA 협정문에는 "특허 만료 시까지 제3자에게 시판허가가 승인될 수 없다"(not grant marketing approval to any third party prior to the expiration of the patent term)고 규정하고 있다. 이는 허가특허연계제도를 도입한 대부분의 국가들이 체결한 FTA 협정문에 "시판허가 절차에서의 조치를 시행한다"(implement measures in its marketing approval process to prevent such other persons from marketing a product)고 규정하고 있는 것과 대조적이다. 따라서 싱가포르는 제네릭 의약품에 대한 판매금지조치에 있어서 30개월 간 제네릭 의약품의 허가자체를 보류하는 제도를 운영하고 있다고 알려져 있다. 다만, 칠레가 의약품 허가특허연계제도를 실제로 운영하고 있는지는 불확실하다.

6. 중국의 의약품 허가특허연계제도

(1) 현행 의약품 허가특허연계제도 운영

중국이 의약품 허가특허연계제도를 도입하고 있는가에 대하여는 논란이 많다. 2002년 제정된 의약품 등록규정(Drug Registration Regulation)[45]에서 의약품 특허 등록 제도를 도입한 뒤 두 차례의 개정을 통해 의약품 품목허가 승인 절차에서 제도를 수립하였으나, 다른 국가의 제도와 매우 다른 독특한 의약품특허선언조항, 제네릭 의약품 신청기한 제한조항, 정보공시조항 등을 운영하고 있기 때문이다.

---

45) 〈药品注册管理办法〉 국가식품약품감독관리국령 제28호, 2007.7.10일 공표하여, 2007.10.1일부터 시행.

의약품특허선언은 의약품 품목허가 신청인에게 품목허가 신청 시에 관련된 특허목록을 제출하고 특허 비침해선언을 하도록 한다. 다만, 제네릭 의약품뿐만 아니라 신약 출원인을 포함한 모든 의약 출원에 대하여 요구된다는 점에서 일반적 의무라고도 할 수 있다.

정보공시조항은 중국 식약청(CFDA)이 의약품등록신청자가 제출한 특허에 관한 설명이나 특허 비침해선언을 대외적으로 공시하는 것이다. 공개되는 내용에는 의약품 등록번호, 의약품 명칭, 의약품 등록신청인, 특허번호, 우편번호, 특허만료일 또는 특허등록일, 외국특허, 외국특허 권리자, 의약품 등록신청인의 주소, 특허권자명이 포함되어 있다. 이때 의약품 등록신청자가 제출한 정보 그대로 공개하는 것을 원칙으로 하고, 별도 증빙 제출과 오류 수정 의무가 없어, 신뢰성 등에서 문제가 되는 경우도 있다.

한편, 특허권자가 의약품 등록 승인 과정에서 특허침해를 발견한 경우에도 CFDA가 의약품 등록을 거절할 수 없어서, 결국 특허분쟁은 특허법을 통해서 해결해야만 한다.

(2) 제도개선 추진

CFDA는 2017년 5월에 의약품의료기기의 혁신자 권익보호에 관한 정책(2017년 제55호)[46]을 통해 의약품 허가특허연계제도의 실효

---

46) 总局关于征求《关于鼓励药品医疗器械创新保护创新者权益的相关政策(征求意见稿)》意见的公告(2017年第55号) (http://www.gov.cn/xinwen/2017-05/12/content_5193269.htm)

一、建立药品专利链接制度。药品注册申请人在提交注册申请时，应提交其知道和应当知道的涉及相关权利的声明。挑战相关药品专利的，申请人需声明不构成对相关药品专利侵权，并在提出注册申请后20天内告知相关药品专利权人；相关药品专利权人认为侵犯其专利权的，应在接到申请人告知后20天内向司法机关提起专利侵权诉讼，并告知药品审评机构。药品审评机构收到司法机关专利侵权立案相关证明文件后，可设置最长不超过24个月的批准等待期；在此期间，不停止已受理药品的技术审评工作。在批准等待期内，如双方

성 제고를 위한 제도개선을 추진하고 있다. 이에는 의약품 등록신청인의 품목허가사실 통지 내용이 포함되어 있다. 아직 세부적인 내용이 정해지지는 않았으나, 의약품 등록신청인은 의약품 등록 승인을 신청함에 있어 특허권에 관한 정보를 제출해야 하며, 해당 특허권자에게 20일 이내에 특허권을 침해하지 않는다고 통지해야 한다. 또한 판매금지 처분도 도입될 예정이다. 품목허가사실 통지 규정에 따라 해당 특허 비침해선언을 통지받은 특허권자는 의약품 등록신청인의 이견이 있는 경우 특허 침해소송을 제기하고 통고 후 20일 이내에 CFDA에 통보해야 하며, 통지를 받은 CFDA는 의약품 등록 승인 절차를 최대 24개월 동안 중지할 재량권을 갖게 된다. 이 기간 동안 특허 소송이나 합의된 결과가 없는 경우 의약품 등록신청은 승인될 수 있으며, 이때 특허권자의 권리는 침해소송의 결과에 따라야 한다고 한다.

7. 환태평양경제동반자협정과 허가특허연계제도

(1) TPP 제18.53조

의약품 허가특허연계 제도는 미국의 Hatch-Waxman Act에서 유래한 제도로 그동안 미국, 한국, 호주, 캐나다 등 몇몇 국가에서만 운영되어 왔지만 TPP 협정이 "특허연계"에 관해 규정함에 따라 제도운영국가가 증가할 것으로 예상된다.

특허연계에 관한 제도는 환태평양경제동반자협정(Trans-Pacific

达成和解或司法机关作出侵权或不侵权生效判决的，药品审评机构应当根据双方和解或司法机构相关的生效判决不批准或批准药品上市； 超过批准等待期，司法机关未作出侵权判决的， 药品审评机构可以批准药品上市。受理的药品申请，申请人未声明涉及相关专利，而专利权人提出侵权诉讼的，药品审评机构根据司法机关受理情况将该申请列入批准等待期。药品上市销售引发知识产权诉讼的，以司法机关判决为准。

Partnership: 이하 'TPP') 제18.53조에 규정되어[47] 있고, 체약국은 제1항 또는 제2항 중 하나를 준수해야 한다.

제1항은 "체약국은 의약품의 판매를 승인하는 조건으로 안전성 및 유효성에 관한 정보를 최초로 제출한 사람 이외의 사람이 이전에 승인된 제품의 안전성 또는 유효성에 대한 증거 또는 정보(예를 들어, 선행하는 판매승인으로서, 해당 체약국에 의한 것 또는 다른 국가 또는 지역의 영역에서의 것)에 의거하는 것을 인정하는 경우에는 다음 사항을 정한다.

(a) 당해 최초로 제출한 자 이외의 자가 당해 승인된 제품 또는 그 승인된 사용 방법이 청구 범위에 기재되어 있는 적용되는 특허기간 중에 해당 의약품을 판매하려고 하는 것에 대해 해당 의약품이 판매되기 전에 특허권자에게 통지하거나, 또는 특허권자가 통지를 받을 수 있도록 하는 제도

(b) 특허권자가 침해의심제품의 판매 전에 (c)에 규정하는 이용가능한 구제수단을 구하기에 충분한 기간 및 기회; 그리고

(c) 승인된 의약품 또는 그 승인된 사용방법이 청구범위에 기재되어 있는 적용되는 특허의 유효성 또는 침해에 관한 분쟁을 적시에 해결하기 위한 절차(사법상 또는 행정상 절차 등) 및 신속한 구제조치(예비적 금지명령 또는 이와 동등한 효과적인 잠정조치 등)."이다.

제2항은 "체약국은 제1항의 규정을 실시하는 대신, 특허권자 또는 판매승인신청자가 판매승인당국에 제출한 특허관련 정보에 근거하거나 또는 판매승인당국과 특허청 간의 직접 조정에 근거하여, 해당 특허권자의 승인 또는 묵인을 얻지 않는 한, 청구범위에 기재된 특허대상 의약품을 판매하고자 하는 제3자에게 판매승인을 하지 않는 사법상 절차 이외의 제도를 채용하거나 유지할 것."으로

47) Article 18.53: Measures Relating to the Marketing of Certain Pharmaceutical Products (의약품의 판매에 관한 조치).

되어 있다.

지금까지의 미국 FTA 특허연계조항은 특허존속기간 중에 제3자의 의약품 판매개시를 저지하는 수단을 해당 의약품의 승인절차 중에 설치할 것을 요구하는 것이 일반적이었다. 예컨대 한·미 FTA에서는 "제품을 판매하는 것을 방지하기 위한 시판승인 절차에서의 조치"를 요구하고 있다. 그런데 TPP는 조건을 대폭 완화하고 있다. 제1항은 (승인전이 아니라) 해당 의약품이 판매되기 전에 (a) 제3자에 의한 신청에 대한 특허권자에의 통지 및 (b) 특허권자가 구제를 구하기에 충분한 기간·기회의 제공을 각 체약국에게 요구하고 있고, 또한 (c) 특허유효성·침해성에 관한 적시분쟁해결을 위한 절차 및 신속한 구제조치에 대해서도 제3자가 신청한 의약품의 승인 절차에서 행할 것까지는 요구하고 있지 않다. 제2항에서는 특허기간 중에 제3자의 의약품 판매개시를 저지하는 수단을 해당 의약품의 승인 프로세스 중에 설치할 것을 요구하고는 있으나 그 수단은 '사법상의 절차 이외의 제도'로 한정하고 있다.[48]

(2) 대만의 의약품 허가특허연계제도 도입

1) 도입경위

대만은 TPP 가입을 계기로 의약품 허가특허연계제도 도입을 검토하였고, 2017년 12월 27일 대만의회가 허가특허연계제도를 도입하는 약사법 개정안을 통과시킴에 따라, 동 제도의 시행을 앞두고 있다. 전반적인 내용은 미국의 Hatch-Waxman Act를 참고로 한 것으로서, 한국의 제도와도 유사한 것으로 보인다.

---

48) 桝田祥子, "環太平洋経済連携協定(TPP 協定)における医薬知財保護", パテント 2016年3月号, 69頁.

2) 주요내용

① 특허 목록에 등재　대만의 개정 약사법에 따르면, 신약 허가증 소유자는 등록 가능한 특허와 관련된 문서 및 정보를 제출함으로써 대만 식품의약품안전청(TFDA)에 특허 연계를 위한 공공 데이터베이스에 특허[49] 등재를 요청한다고 규정하고 있다. 특허권자는 등록 특허와 관련된 문서와 정보를 의약품 허가증 발급 후 45일 이내에 TFDA에 제출해야 하고, 의약품 허가 소유자와 특허권자가 다른 경우 허가 소유자는 특허권자(또는 배타적 권리자)의 동의를 얻어야 하며, 등재된 특허가 변경된 경우 45일 이내에 그 정보도 업데이트되어야 한다. 한편, 적정하지 않은[50] 특허 등재에 대하여는 등재 폐지 신청도 가능하며, 이러한 요청에 대해 TFDA는 20일 이내에 허가 소유자에게 전달하고, 45일 이내에 서면 응답이나 업데이트를 요청해야 하며 허가 소유자로부터 받은 서면 응답 내용 등은 공개되어야 한다.

② 특허관계의 소명　미국 Hatch-Waxman Act의 규정과 유사하게 제네릭 의약품 허가 신청자는 "① 등재된 특허권이 존재하지 않는다, ② 등재특허권이 만료되었다, ③ 존속기간 만료후 허가를 받을 것이다, ④ 무효 또는 비침해이다." 중에 하나를 선택하여 확인서를 제출해야 한다. ④의 무효 또는 비침해를 주장하는 경우에는 20일 이내에 신약 허가소유자, 허가 당국, 특허권자(또는 배타적 권리자) 등에게 통지하여야 한다.

③ 허가 유보　TFDA는 의약품 허가를 위한 다른 요건을 모두 만족하는 경우, ①, ②의 경우 제네릭 의약품 허가를 하고, ③의 경우는 존속기간 만료 후 제네릭 의약품 허가를 한다. ④의 경우에

---

49) 이때 특허는 물질 특허, 조성 특허 또는 제제 특허, 용도 특허를 의미한다.

50) 등재된 특허가 허가된 의약품과 무관한 경우, 등재된 특허가 등재 가능한 특허에 속하지 않는 경우, 등재된 특허 정보가 부정확한 경우, 규정에 따른 변경이 이루어지지 않은 경우 등을 의미한다.

는, 무효 또는 비침해 통지를 받은 특허권자(또는 배타권자) 등은 통지를 받은 날로부터 45일 이내에 후발의약품 허가 신청자에 대해 등재특허에 근거한 특허소송을 제기할 수 있고, 허가당국에 그 사실을 알리면 특별한 사정이 없는 한 12개월간 허가가 유보된다. 이 기간 동안 신청 서류의 검토 및 평가는 계속되고, 허가의 요건이 충족되면 허가당국은 예비 승인 통지서를 발행할 수 있다. 예비 승인 통지는 완전한 허가가 아니므로 후발의약품 허가 신청자는 해당 제품을 제조, 판매 또는 수입할 수는 없지만, 국민건강보험 적용상의 신청 등의 절차는 진행할 수 있다.

④ 시장 독점　등재특허의 무효 또는 비침해를 주장한 최초의 신청자에게 12개월의 제네릭 시장독점권을 부여한다. 최초 신청자는 허가신청에 필요한 모든 문서를 완전히 제출한 날짜에 의해 결정되며, 최초 신청자가 여러 명일 경우, 공동으로 시장독점 기간을 향유한다. 최초 신청자가 자격을 상실하는 경우 시장독점권을 상실하고 다음 신청자로 교체된다. 최초 신청자는 허가증을 수령한 날로부터 6개월 이내에 제네릭 의약품을 출시해야 하고,[51] 20일 이내에 허가당국에 최초 출시일을 뒷받침하는 증빙을 제출해야 하며, 증빙자료에 근거하여 출시일로부터 12개월간의 시장 독점 기간이 결정된다.

(3) 일본의 허가특허연계제도

1) 일본의 현행제도

허가특허연계제도를 넓게 정의하는 경우 일본은 허가특허연계제도를 일부 도입하고 있다고 볼 수 있다. 일본 특허법 제67조에 따르면, 신약의 특허권 존속기간은 20년 플러스 최대 5년이다. 신

51) 최초 신청자가 6개월 이내에 제네릭 의약품을 출시하지 않으면 시장독점권이 자동으로 취소된다.

약의 개발 및 심사에는 장기간이 소요되기 때문에 5년을 상한으로 존속기간의 연장을 인정하고 있다.[52)]

일본 특허법에는 한국 특허법과 달리 "의약품의 품목허가를 위한 연구 또는 시험에는 특허권의 효력이 미치지 않는다."는 소위 명시적인 볼라조항은 없지만 최고재판소는 "제네릭 기업이 신약의 존속기간 중에 생물학적 동등성 시험을 행하는 것은 특허권 침해를 구성하지 않는 것"으로 판단하고 있다.[53)]

이 밖에 신규 선발 의약품 제조 판매 승인 후 최대 10년간의 재심사 기간이 정해져 있으며, 승인 후 일정 기간이 경과한 후, 선발 의약품의 효과나 안전을 위해 선발 의약품 메이커가 실제로 의료기관에서 사용된 데이터를 모아 다시 심사를 받을 필요가 있다. 이 기간 동안에는 선발 의약품의 특허 기간이 만료되더라도 후발 의약품 메이커는 제네릭 의약품의 신청을 할 수 없는 것으로 되어 있다.[54)]

한편, 일본은 1994년 및 2009년 6월 5일 후생성의 통지[55)]에 근거

---

52) 일본 특허법 제67조(존속기간) 특허권의 존속기간은 특허출원일로부터 20년이 되는 때에 종료한다.
② 특허권의 존속기간은 그 특허발명의 실시에 대하여 안전성의 확보 등을 목적으로 하는 법률의 규정에 의한 허가 그 밖의 처분으로서 해당 처분의 목적, 절차 등에 비추어 해당 처분을 정확하게 시행하기에는 상당한 기간을 요하는 것으로서 시행령에서 정하는 것을 받을 필요가 있어 그 특허발명을 실시할 수 없는 기간이 있는 때에는 5년을 한도로 하여 연장등록의 출원에 의해 이를 연장할 수 있다.

53) 最高裁小二法廷平成 11年4月16日判決(平成10(受)153)(民集53 巻4号 627頁).

54) 医薬品市場における競争と研究開発インセンティブ―ジェネリック医薬品の参入が市場に与えた影響の検証を通じて―公正取引委員会, 13-15頁.

55) 「承認申請に係る医薬品特許情報の取扱いについて」(平成6年10月4日付け薬審第762号)及び「医療用後発医薬品の薬事法上の承認申請及び薬価収載に係る医薬品特許の取扱いについて」(平成21年6月5日付け医政経発第0605001号・薬食審査発第0605014号).

하여 제네릭 의약품 판매 후에 특허침해소송 등에 의해 제품의 안정공급문제가 발생하지 않도록 허가특허연계를 시행하고 있다. 선발의약품 메이커로부터 보고된 특허에 관한 정보(의약품 특허정보 보고표)에 기초하여 선발의약품의 유효성분에 특허가 존재하는 경우에는 후발 의약품의 판매승인을 하지 않는다.[56] 다만, 이 정보제공은 임의적인 것이고, 일반에게 공개되는 것은 아니다.

이를 요약해 보면, 일본에서는 선발의약품의 유효성분에 특허가 존재하는 경우에는 후발 의약품의 판매승인을 하지 않는 것이 원칙이다.

그 수단으로서는, 후발 의약품 신청자에 대해 "후발 의약품의 약가수재에 있어서 특허에 관한 우려가 있는 품목에 대해서는 사전에 당사자 간에 조정을 하고, 안정적인 공급이 가능하다고 생각되는 품목에 대해서만 등재 절차를 취할 것"을 요구하고 있다.

즉, 제네릭 기업은, 후발 의약품을 신청할 경우에는, 재심사기간 종료 후 [illegible] 해당 의약품의 유효 성분에 관한 물질특허 또는 용도특허의 유무를 살필 것, 물질특허 또는 용도특허가 있는 경우에는 승인 후 신속하게 제조판매할 수 있다는 것을 나타내는 자료를 첨부할 것이 요구된다. 또한 특허분쟁의 우려가 있다고 생각되는 품목의 등재를 희망하는 경우에는 사전에 특허권자인 신약 제조업자와 조정(이른바 사전 조정 절차)을 하고, 의약품의 안정적인 공급이 가능하다고 생각되는 품목에 대해서만 등재절차를 취할 것이 요구된다. 필요에 따라 안정적인 공급이 가능하다는 것을 객관적으로 입증할 수 있는 자료[특허권자(선발 의약품 제조업자 등)의 동의서 등]의 제출이 요구되는 경우가 있다.[57]

---

56) https://blog.goo.ne.jp/hatatomoko1966826/e/0b21b3ab697d71c3bc1fff7d43108e35

57) 桝田祥子, "医薬品産業と米国自由貿易協定(FTA)知財戦略", パテント Vol.66 No.10, 2013, 84-85頁.

2) 현행제도의 문제점

일본은 본격적인 의미에서의 허가특허연계제도는 도입하고 있지 않다. 그러나 앞서 살핀 바와 같이, 선발 의약품 메이커로부터 보고된 특허에 관한 정보(의약품 특허정보 보고표)에 기초하여 선발 의약품의 유효성분에 특허가 존재하는 경우에는 후발 의약품의 판매승인을 하지 않는바, 넓은 의미에서는 일본형 허가특허연계제도를 운영하고 있다고 볼 수 있다. 1994년 일본형 특허연계제도가 처음 시작된 때에는 물질특허에 한해 운영하였다. 후생노동성은 특허전문가가 아니므로 우선 판단하기 쉬운 물질특허로 시작하였다고 하며, 2009년 범위를 확대하여 물질특허에 더해 용도특허도 대상이 되었다.

일본형 허가특허연계제도는 비교적 역사가 오래되었음에도 불구하고, 일본에서 본격적으로 화제가 되기 시작한 것은 3년 정도밖에 지나지 않아, 아직 전문가나 관심을 가지는 자가 많지 않은 실정이지만, 앞으로는 관심이 점점 높아지지 않을까 예상된다. 현재 일본형 허가특허연계제도의 문제점은 아래와 같이 정리될 수 있다.[58]

첫째, 제도의 불명확성이다. 일본의 제도는 법에 근거한 제도가 아니다. 따라서 지식재산권 연구자들조차도 이 제도에 대해 잘 알지 못하는 것이 실정이다.

둘째, 제도운영의 전문성 문제이다. 후생노동성은 특허전문가가 아니다. 허가와 특허 사이의 관련성을 잘 판단할 수 있을 것인지 의문이다.

셋째, 투명성 문제이다. 평성 30년[59] 2월 23일 통지[60]로 인해 투

58) 공동저자 중 1인(신혜은)이 2018년 7월 2일~9월 1일 일본 특허청 초청으로 지식재산연구소에서 일본의 허가특허연계제도에 관한 연구를 수행하였다. 이하, 일본의 상황은 본 연구결과를 인용한 것이다.

59) 2018년.

60) 「後発医薬品等の承認の予見性の向上等に向けた承認申請の取扱い及び総調査期

명성 문제가 조금은 해결될 수 있을지 모르지만 여전히 문제는 남아 있다. 여전히 예측가능성, 객관성 등이 부족한 실정이다. 예컨대, 사전조정에 근거한 의약품 승인은 특허침해우려가 있는 후발의약품은 승인하지 않는다는 것이다. 이는 국민의 권리와 관계가 있는 것임에도 불구하고 법에 근거한 것이 아니다. 게다가 당사자 사이에서만 그 협의상황을 알 수 있어서 절차 자체가 불투명하고 내용도 불명확하다.

선발의약품을 커버하는 물질, 용도특허에 대한 리스트가 존재하기는 하나 이는 특허권자가 제출한 목록에 근거하여 만든 것으로, 공개가 되지 않으므로 제3자로서는 이를 알기가 어렵다.

3) 본격적인 허가특허연계제도 도입의 가능성

일본은 TPP 협정국으로 전형적인 허가특허연계제도를 도입해야 하는 것이 아닌지에 대한 검토가 필요하다.

TPP 협상 당시 일본 산업계는 허가특허연계제도 도입에 대해 모두 반대하는 입장이었다고 한다. 특히 국내 제네릭 업계의 반대가 심했는데, 미국처럼 소송이 빈발하는 것이 우려되고, 제네릭의 시장진입 촉진보다는 오히려 쓸데없는 소송에 비용과 시간이 낭비될 것이라는 우려가 있었다고 한다. 게다가 일본은 현재 일본식 허가특허연계제도를 운영하고 있고, 해당 운영이 큰 문제를 일으키지 않는 상황에서 그 결과가 어떨지 예상하기 어려운 신제도를 도입하는 것에 대해 거부감을 표시하는 견해가 많았다고 한다. 그래서 TPP상의 허가특허연계제도는 당초 미국에 의해 제안된 것이지만, 미국에서 운영되고 있는 전형적인 허가특허연계제도에 비해 상대적으로 완화된 것이고, 현행 일본의 실무에 큰 변화를 발생시키지 않을 것이라는 기대감하에서 산업계의 동의를 얻어 왔다고 한다.

그럼에도 불구하고, 결론적으로 일본 산업계의 입장은, 투명성

間の考え方について」(平成30年2月23日・薬生薬審発 0223 第1号).

등 약간의 문제가 있기는 하지만 일본은 이미 일본식 허가특허연계제도를 운영하고 있으므로, 그 산업계에 미치는 영향을 확신할 수 없는 미국식 허가특허연계제도를 도입하는 것은 바람직하지 않다는 견해가 많다.

일본식의 독특한 제도운영방식, 모험이나 변화를 좋아하지 않는 국민성, 무엇보다 소송에 친하지 않은 사회적 분위기가 합해져서 위와 같은 결론에 도달하지 않았나 하는 생각이 든다.

4) 향후의 방향성

미국의 탈퇴에 따라 향후 TPP의 방향성은 현재 명확하지 않은 상황이다. 게다가 일본 산업계의 입장은 오리지널과 제네릭 구별 없이 본격적인 허가특허연계제도의 도입에 찬성하지 않는 입장이다.[61] 이와 같은 상황에서 조만간 미국식 허가특허연계제도가 도입되기는 어려울 것으로 생각된다. 다만 미국의 TPP 복귀를 희망하는 일본과 양국 간의 FTA 체결을 희망하는 미국의 의견이 팽팽하게 대립하는 현상황에서 동 제도의 도입에 대한 일본의 움직임은 유동적일 수 있으므로 이를 주시할 필요가 있다.

8. EU의 의약품 허가특허연계제도에 대한 입장

유럽연합법은 의약품 시판 허가 신청자가 의약품의 안전성, 유효성 등에 대해 충분하게 입증하지 않으면 시판 허가가 거절될 수 있으며,[62] 규칙에 근거하지 않은 사유로 시판 허가 신청을 거절할

61) 선발의약품 입장에서는, 미국제도는 비용이 너무 많이 들고 소송이 남발되고 있다는 이유로 도입을 반대한다. 제네릭 입장에서도 무효심판제도로 특허를 무효시킴으로써 시장에 진입하는 것이 가능하므로, 지금의 제도로도 충분하다는 견해가 많았다.

62) Regulation (EC) No. 726/2004 OF THE EUROPEAN PARIAMENT AND OF THE COUNCIL Article 12.1.

수 없다[63]고 규정하고 있고, 의약품 지침에는 후발의약품 시판 허가 절차는 산업 및 상업 재산의 보호와 관련된 법에 의한 영향 없이 이루어진다고 규정[64]하고 있는 점 등을 고려할 때, 의약품 시판 허가를 특허문제와 연계하는 의약품 허가특허연계제도에 대해 반대하는 것으로 해석된다. 또한 한 · EU FTA 협상 과정에서도 EU는 일관되게 저렴한 의약품에 대한 접근성 보장 차원에서 의약품 허가특허연계제도 도입을 반대하였는바, 여러 상황을 고려할 때 EU가 반대 입장을 가지고 있는 것은 명백하다.

그렇다고 유럽이 후발의약품의 시장 진입을 적극적으로 장려하는 태도를 가졌다고 볼 수는 없으며, 원칙적으로 신약을 보호하는 방법의 차이라고 보여진다. 예컨대 유럽은 신약에 대해 가장 긴 자료독점 기간을 부여하여 신약개발에 대한 인센티브를 제공한다.[65] 즉, 신약의 시판허가일로부터 8년 동안 제3자는 후발의약품 등에 대한 허가 신청을 아예 할 수 없으며, 8년 경과한 이후에는 허가 신청은 가능하나, 2년 동안은 시판을 할 수 없다. 더불어 새로운 적응증[66]을 추가한 신약의 경우 1년의 부가적인 독점 기간이 인정될 수 있으므로 오리지널 제약사는 최장 11년 동안 해당 의약품 시장을 독점할 수 있다. 미국이 신약에 대해 5년간의 자료 보호기간을 인정하는 것에 비해 매우 긴 자료 보호기간을 부여하고 있는 것이다. 특허는 무효 또는 회피 등의 방법으로 도전 가능한 것임에 반해, 자

---

63) Regulation (EC) No. 726/2004 OF THE EUROPEAN PARIAMENT AND OF THE COUNCIL Article 81.2.

64) Directive 2001/83/EC on the Community code relating to medicinal products for human use Article 10.

65) Ravikant Bhardwaj, K D Raju and M Padmavati, "The Impact of Patent Linkage on Marketing of Generic Drugs," *Journal of Intellectual Property Rights*, Vol.18, July 2013, p.318.

66) 어떤 약제나 수술 따위에 의하여 치료 효과가 기대되는 병이나 증상(NAVER 국어사전).

료 보호기간은 후발의약품의 시판을 원천적으로 차단할 수 있다는 점에서 보다 강력한 독점 보장 수단이라고도 볼 수 있다.

한편, 한 · EU FTA에 의약품 허가특허연계제도는 포함되지 않았으나, 협상 과정에서 유럽연합 측은 '내 · 외국민 동등 대우의 원칙' 등에 기초하여 한 · 미 FTA에 따라 우리나라에 도입된 의약품 허가특허연계제도가 한국에 진출한 유럽연합 기업들에게도 적용되어야 한다고 주장하였다고 알려진 바 있으며,[67] 이는 EU 역내에서는 이 제도를 적용하지 않는 것과는 별개로 신약을 보유한 제약사의 비중이 높은 유럽의 특성상 오리지널 제약사가 일정기간 동안 시장 독점을 할 수 있도록 하는 태도를 견지하는 것이라 하겠다.

9. 소 결

의약품 허가특허연계제도는 각 나라마다 다양한 영역에서 다양한 범위를 가지고 이루어진다. 예컨대, 제도의 근거가 되는 법령도 약사법에서부터 특허법에 이르기까지 다양하고, 그 형식도 법률부터 하위법령 등으로 구분된다. 적용대상에 있어서도, 바이오 의약품과 합성의약품을 구별하기도 하고, 구별 없이 동일하게 제도를 운영하기도 한다. 또한 특허목록을 운영하는 나라와 운영하지 않는 나라 등 세부적인 운영 방식에서도 많은 차이를 보이고 있다. 제네릭 신청에 대한 법적 조치에 대하여도, 행정절차에 의하는 경우와 사법절차에 의하는 경우로 나뉘어지며, 그 조치 기간도 각 나라의 현실과 상황에 맞게 다양하게 이루어진다. 즉, 앞에서 살펴본 바와 같이 제약산업 및 의약품 개발이 가지는 특성에 따라 특허권을 보다 강하게 보호할 일반적 필요성이 인정되는 하에서는 허가특허

67) 2009.4.20. 한겨레 기사 〈한-EU FTA 의약품 조항 국내 복제약 '판매 제한'〉.

연계제도는 그 나라가 처한 산업의 현실과 법제도적 특성에 따라 적합하게 만들어져 운영되는 것이다. 비록 이 제도가 미국의 것을 원형으로 하고, 미국과의 FTA 체결과정에서 확산되었다고 하더라도, 그 세부적인 내용과 운영 방식까지 미국과 동일하게 해야 하는 것은 아니며, 각 나라의 산업구조와 사회현실을 반영하여 결정되어야 하는 것이다.

제3절 허가특허연계제도의 문제점과 개선 노력

1. 서 론

미국 공정거래위원회(Federal Trade Commission: 이하 'FTC'라 한다)의 2002년 보고서에서[68]에 따르면 Hatch-Waxman Act 시행 후 20년에 걸쳐 미국의 처방약 중 거의 절반이 제네릭 의약품으로 대체되었고, 새로운 신약도 계속해서 발명되어 시장에 출시되었다고 한다. 그러나 특허권 보호강화 및 제네릭 시장진입 촉진이라는 당위성에도 불구하고, 이전에는 존재하지 않았던 법적 독특함과 복잡한 구조, 개별 국가마다 처한 서로 다른 산업환경 등으로 문제점이 상당수 발생하여, 가장 먼저 제도가 도입 · 시행된 미국과 캐나다 등을 중심으로 이를 개선하기 위한 많은 논의가 진행되었다.

68) Federal Trade Commission, Generic Drug Entry Prior to Patent Expiration: An FTC Study, 2002.

2. 등재제도 관련 사항

(1) 등재대상의 명확화

1) 특허등재 유형의 제한

미국과 캐나다의 특허권자들은 의약품 관련 특허가 특허목록에 등재되어야 의약품 허가특허연계제도에 따른 권리를 누릴 수 있기 때문에 가능한 한 많은 특허를 등재하려 하였다. 또한 특허목록에 신약 특허에 관한 정보가 많을수록 특허정보 탐색에 소요되는 시간이 절약되기 때문에 많은 특허의 등재는 제네릭 제약사에게도 유리한 것으로 여겨졌다. 그러나 신약 개발자가 물질특허 만료 직전에 동일 의약품에 대해 신규성이나 진보성이 미미한 제조 공정, 중간 물질, 대사체 등의 특허를 등재하여 후발의약품의 허가를 어렵게 하거나, 특허 소송 중에 다른 특허를 계속 등재하여 판매금지 신청을 반복함으로써, 후발의약품의 시장 진입을 계속적으로 차단하는 부작용이 발생하였다.

이에 미국 의회는 2003년 의료선진화법[69]을 통해 특허목록에 등재할 수 있는 특허 유형을 해당 의약품의 주성분에 관한 물질특허, 조성물 특허 및 허가받은 적응증에 해당하는 용도 특허로 한정하는 한편, 제법특허는 등재될 수 없음을 명확히 하였다.[70] 등재특허의 명확화는 선발의약품 업체가 부실한 특허를 등재함으로써 발생할 수 있는 불필요한 분쟁을 사전에 차단시키는 효과가 있다.

캐나다에서도 과도한 특허 등재를 막기 위한 조치를 2006년 개정법에 반영하였다. 이에 등재할 수 있는 특허는 의약품 성분, 조성물, 제형 또는 의약품 성분의 용도에 대한 청구를 포함하는 특허로

69) Medicare Prescription Drug, Improvement, and Modernization Act of 2003(일명 MMA Act).

70) 21 CFR 314.53(b).

제한되었다. 또한 해당 특허가 신약 허가에서 신청 사항과 관련된 것이어야 등재대상이 됨을 규정[71]하여 등재신청된 특허와 의약품과의 관련성을 강조하였다.

2) 등재대상 특허 출원일의 제한

캐나다는 등재 가능한 특허를 특허 출원일이 신약 허가 신청일 이전에 특허출원된 것만으로 한정했다.[72] 이를 통해 실제로 신약 개발과 시판허가에 기여한 R&D와 혁신을 위한 노력과 비용에 대해서만 의약품 허가특허연계제도로 보상하겠다는 의미이다. 신약 허가 변경 시에는 해당 신약 신청일 이후에 출원된 특허도 등재될 수 있으나, 특허 출원일이 허가 변경 신청 전이어야 한다.

(2) 등재에 대한 이의신청 기회의 부여

미국 FDA는 신약 개발자가 제출한 특허정보에 대하여 형식적인 요건만 심사하며, 특허정보가 해당 신약과 관련된 것인지 여부는 판단하지 않는다. 따라서 신약과 무관한 가짜특허(sham patent)가 오렌지북에 등재될 가능성이 존재한다. 게다가 잘못 등재된 것이 명백한 경우에도 FDA는 특허등재목록에서 직접 특허를 삭제할 권한이 없다. 이로 인해 단순히 제네릭의 허가를 지연시킬 목적으로 관련성이 거의 없는 특허를 등재하여 제도를 악용하는 사례가 종종 발생하였다. 개정법은 위와 같은 불합리를 제거하기 위해 특허권자에 의해 침해소송을 당한 후발의약품 허가 신청자로 하여금 침해소송의 대상이 되는 특허를 오렌지북에서 삭제해 줄 것을 요구하는 반소(counterclaim)를 제기할 수 있도록 하여 부실 특허 등재

71) 박실비아, 미국과 캐나다의 의약품 허가-특허 연계제도, 약제학회지, 제38권 제3호, 2008, 213쪽.

72) Patented Medicines(Notice of compliance) Regulations(SOR 93-133) §5(4), 특허 출원일은 캐나다에서 특허 출원서를 제출한 날짜로 우선출원일(들)과는 무관하다.

에 대한 이의 제기 기회를 제공하였다.[73]

캐나다의 경우 제도도입 당시부터 등재의 적정성을 다툴 수 있도록 하여 이와 관련된 제도상 변화는 발생하지 않았다.

3. 후발 의약품 개발사의 소명(통지제도) 개선

(1) 통지기한의 확대

미국의 경우 기존에는 후발 허가신청과 동시에 특허권자에게 통지하도록 규정하고 있었으나, 이를 개선하여 후발의약품 허가 신청자는 FDA가 신청자에게 신청서가 접수되었음을 알린 날로부터 20일 내에 신약 특허권자에게 통지하면 되도록 하여,[74] 통지에 있어서 상당기간 여유를 가질 수 있게 되었다.

(2) 특허소명(통지) 대상의 제한

미국(2003년)과 캐나다(2006년)는 법률 개정을 통해, 제네릭 의약품 허가신청 이전에 등재되어 있는 특허에 대하여만 통지하도록 그 대상을 한정하였다. 제네릭 의약품 허가신청 이후에 사후적 시판허가 중지 신청을 사전에 차단하여 반복적인 허가중지 신청이 불가능하게 되었다.[75]

---

73) Martin Adelman, Randall Rader, John Thomas, *Cases and Materials on Patent Law*, West Group, 2009, p.937.

74) 21 U.S.C. 355(j)(2)(B)(ii)(I).

75) 박실비아, 미국과 캐나다의 의약품 허가-특허 연계제도, 약제학회지, 제38권 제3호, 2008, 213쪽.

4. 판매금지 신청의 제한

(1) 판매금지조치의 횟수 제한

제네릭 의약품 허가 신청과 관련한 특허 소송이 있으면 제네릭 의약품의 허가가 일정 기간(미국 30개월, 캐나다 24개월) 이내에서 일단 보류되므로 특허권자들은 가능한 많은 특허를 등재하고, 등재된 특허의 존속기간이 만료되기 전에 다른 특허를 추가로 등재하는 방식 등을 통해 신약의 시장 독점 기간을 최대한 연장하기를 원하게 된다. 미국에서는 특허권자가 동일한 제네릭 의약품 허가 신청에 대해 30개월의 허가 보류 조치를 수차례에 걸쳐 반복하여 제네릭 의약품의 시장 진입을 지속적으로 차단하는 사건이 발생하였고,[76] 이러한 부당한 행위로 인한 제네릭 의약품의 시장진입 지연을 최소화하기 위해 2003년 개정법(캐나다는 2006년)을 통해 허가 보류 조치를 제네릭 의약품 허가 신청당 1회로 한정하게 되었다.

(2) 후발 허가 신청자의 확인 청구 허용

특허권자가 판매금지조치를 행할 수 있는 기간, 즉 통지받은 날로부터 45일 이내에 특허 소송을 제기하지 않은 경우 제네릭 의약품의 허가는 지연되지 않으므로 허가와 함께 해당 의약품을 판매할 수 있다. 하지만 제네릭 의약품허가 신청자는 허가를 받았다 하더라도 이후 특허 소송이 제기될 것을 우려하여 시판을 주저할 수 있다. 이에 미국에서는 후발 허가 신청자로 하여금 신약에 관한 특허가 무효이거나 제네릭 의약품이 특허를 침해하지 않는다는 확인을 법원에 요청할 수 있도록 하였다.[77]

---

76) 항우울제인 Paxil과 관련된 사건으로, 5차례에 걸쳐 판매금지를 신청하였고, 총 70개월의 제네릭 허가보류 조치를 받아내었다.

77) 박실비아, 미국과 캐나다의 의약품 허가-특허 연계제도, 약제학회지, 제38권 제3호, 2008, 210쪽.

5. 제네릭 시판 독점권제도 운영의 합리화(미국)

제네릭독점권의 기산점을 조정하였다. 1984년 법에 따르면 180일의 제네릭 독점권은 FDA에서 허가된 제네릭의 최초 상업적 판매일('최초 판매일 개시') 또는 ANDA 신청인이 무효이거나 비침해를 주장한 특허에 관하여 그러한 취지의 판결이 선고된 날('판결일 개시')에 개시되었다. 그러나 특허침해소송이 종료되지 않은 경우, 제네릭 업체는 추후 특허침해로 최종 판결이 날 경우의 손해배상책임을 우려하여 제네릭 의약품을 쉽사리 판매할 수 없는 문제점이 있었다. 이에 Medicare Act 2003에서는 180일의 제네릭 독점기간의 기산일을 최초 판매일 개시로만 한정하여 퍼스트 제네릭 업체가 180일의 제네릭 독점기간을 온전히 누릴 수 있도록 수정하였다.[78]

동시에 선발의약품 업체와 퍼스트 제네릭 업체 간의 역지불 합의 등의 담합으로 180일의 제네릭 독점권을 획득하였음에도 불구하고 제네릭의 판매 시점을 의도적으로 뒤로 미루어 후속 제네릭의 시장 진입을 방해하는 행위를 방지하기 위하여, 제네릭 독점권의 상실 규정을 마련하였다.[79] 최초 ANDA 신청인이 독점권을 상

78) Medicare Act 2003, §1102(b)(1).

79) 21 U.S.C. § 355(j)(5)(D): 180일 독점권의 상실 규정(Forfeiture of 180-day exclusivity period)

1. 시판 실패: 최초의 제네릭 허가 신청인이 다음 중 늦은 날까지 의약품을 시판하지 않는 경우.
   - 최초 제네릭 허가를 받은 날로부터 75일 또는 최초 제네릭 허가 신청일로부터 30개월이 경과한 날로부터 75일.
   - 특허무효 또는 비침해라는 항소심 판결로부터 75일 또는 특허무효 또는 비침해 확인을 포함하여 합의(settlement)에 대한 최종 결정이 난 지 75일 또는 신약의 특허가 오렌지북에서 삭제되었을 때로부터 75일.
2. 최초 제네릭 의약품의 허가 신청이 철회된 경우.
3. 특허관계(paragraph IV)를 수정하거나 철회한 경우.

실한 경우에는 두 번째 신청인에게 자격이 부여되는 것이 아니라 그 의약품에 대해서는 180일간의 독점권이 아예 없어지게 되므로 바로 제네릭의 시장진입이 가능해진다.

6. 특정합의의 보고의무 부과

제네릭 의약품 개발 촉진을 위해 시판 독점권이 도입되었으나, 제네릭 의약품 허가 신청과 관련한 특허 소송의 상당수가 특허권자와 제네릭사 간의 합의로 종결[80]되었으며, 그 내용도 주로 특허권자가 제네릭사에게 거액을 지불하고 특허 기간 만료 시까지 제네릭 의약품을 출시하지 않게 하거나 다른 제네릭사의 제품 판매를 돕지 않게 하는 것으로 밝혀졌다. 이와 같은 특허권자와 후발업자 간의 반경쟁적 행위의 저지를 위해 특허권자와 후발 제네릭사 간에 오리지널 의약품 또는 제네릭 의약품의 제조, 판매, 판촉 관련 합의 또는 해당 의약품 관련 180일 독점기간에 관한 합의를 하는 경우와 제네릭 의약품 허가 신청자 간에 180일의 독점기간에 관한 합의를 하는 경우에는 계약서 사본을 미국 FTC에 제출[81]하도록 하였다. 다만 원료 물질 공급을 위한 구매 주문, 장비 및 설비 계약, 고용 또는 컨설팅 계약 혹은 포장 및 라벨 계약과 같이 담합의 우려

---

4. 허가신청일로부터 30개월 내에 임시 허가(tentative approval)를 확보하는 데 실패한 경우.
5. 등재 신약 허가권자 또는 특허권자와 제네릭사 간의 반독점법 위반이라는 법원의 최종 판결을 받은 담합이 있었을 경우.
6. Paragraph IV를 제출한 모든 등재 특허의 존속기간이 만료된 경우.

80) 미국에서는 의약품과 관련된 소송 53건 중 20건이 법원의 판결 없이 특허권자 측과 제네릭사 측의 합의로 마무리되었다고 보고된 바 있다(Generic Drug Entry Prior to Patent Expiration: An FTC Study, FTC, 2002.7).

81) Medicare Modernization Act, Pub. L. No. 108-173, 117 Stat. 2066, § 1112 (effective Dec. 8, 2003) (codified at 21 U.S.C. § 355 nt. (2006)).

가 없는 계약인 경우에는 제출하지 않아도 되도록 하였다.

제4절 소 결

의약품 허가특허연계제도는 기본적으로 특허권자의 권리를 우선 보호하는 데서 출발한 제도이다. 최초 미국에서 허가특허연계제도는 이러한 본질적 특성상 특허권자의 권리가 지나치게 보호되어 경쟁을 해치는 폐단이 많이 나타나기도 하였으며, 한편으로는 이를 최소화하기 위한 취지의 제도 개정이 지속적으로 이루어지기도 하였다. 의약품 허가특허연계제도를 악용한 대표적인 사례로 많은 비판을 받았던 '제네릭 의약품 허가 신청 후 추가 특허의 등재를 통한 반복적인 허가 지연'을 막기 위해 허가절차 중지를 1회로 제한한 것이 대표적인 사례라 할 수 있다. 또한 특허등재 목록에 등재할 수 있는 특허의 범위를 물질과 조성물, 용도에 대한 특허로 제한하였고, 캐나다는 한걸음 나아가 허가 신청 전에 출원된 특허에 한하여 등재할 수 있도록 하여 시간적 제한까지 두었다.

하나의 제도가 도입되고 운영되는 과정에서 발생한 문제들과 그의 해결을 위한 개선 내용들은 우리에게도 많은 의미를 부여한다. 특히 의약품의 혁신과 개발에 기여한 특허에 대한 보상이라는 허가특허연계제도 본연의 목표와 반복적인 판매금지조치의 시행을 방지하여 특허권자의 권리남용을 방지하고자 도입된 제도들은 제약산업을 미래 먹거리로 생각하는 우리나라에서의 제도 개선에도 많은 시사점을 제시해 주고 있다.

제3장

한국의 허가특허연계제도

제1절 제도의 개요

1. 도입 배경

허가특허연계제도는 2007년 타결되고 2012년 발효된 한·미 FTA의 이행입법에 의해 본격적으로 도입된 제도이지만 그 모태가 된 Hatch-Waxman Act의 일부는 이미 한국에서 시행되고 있었다. 1987년에 특허법을 개정하여 의약품의 유효성·안전성 실험을 위해 해당 특허권을 실시할 수 없었던 자에 대해 5년의 범위 내에서 특허권의 존속기간을 연장해 주는 제도를 도입하였고,[1] 의약품에 대한 특허권 존속기간 만료 전이라도 해당 의약품 판매허가를 위한 시험을 행하는 경우에는 특허권 침해에 해당하지 않는다는 지방법원의 판결[2] 및 특허심판원의 심결[3]이 있었지만, 이를 보다 명

1) 한국 특허법 제89조(허가 등에 따른 특허권의 존속기간의 연장)
① 특허발명을 실시하기 위하여 다른 법령에 따라 허가를 받거나 등록 등을 하여야 하고, 그 허가 또는 등록 등(이하 "허가 등"이라 한다)을 위하여 필요한 유효성·안전성 등의 시험으로 인하여 장기간이 소요되는 대통령령으로 정하는 발명인 경우에는 제88조 제1항에도 불구하고 그 실시할 수 없었던 기간에 대하여 5년의 기간까지 그 특허권의 존속기간을 한 차례만 연장할 수 있다.
② 제1항을 적용할 때 허가 등을 받은 자에게 책임있는 사유로 소요된 기간은 제1항의 "실시할 수 없었던 기간"에 포함되지 아니한다.

2) 서울지방법원 남부지원 2001.6.15.자 2001카합1074 결정(특허권 침해금지가처분사건); 제3자가 특허권 존속기간 만료 후에 제조, 판매할 목적으로, 특허권의 존속기간 중에 특허발명 농약품과 유효성분 등이 동일한 농약품을 제조하여 농약관리법 제8조 소정의 제조품목등록을 위한 등록신청서에 첨부할 시험성적서를 얻기에 필요한 시험을 의뢰하는 행위에 대해 "농약관리법에 의해 국내 제조품목 등록을 받기 위한 요건인 각종 시험 성적서를 얻기 위하여 특허발명의 디페노코나졸 약제를 제조하여 이용한 것은 특허법 제96조 제1항의 시험적 사용에 해당하여 특허권의 침해가 되지 않는다."

확히 하기 위해 2010년 개정 특허법[4]에서 소위 Hatch-Waxman Act의 Bolar 조항을 도입하였다.[5]

한 · 미 FTA에서 논의된 보건의료 분야의 대부분은 미국 측이 의제를 제기하고, 우리가 상당부분 수용 여부 및 방식을 검토하는 양상으로 전개되었고, 의약품 허가특허연계제도는 그 중 가장 이슈가 되었던 분야이기도 하다.

제도 도입을 반대하는 입장에서는 허가특허연계제도의 일부 조항의 경우 미국 내에서조차 의약품 접근성을 과도하게 제한한다는 이유로 비판이 제기되어 온 사항으로 다국적 제약업계의 이익을 지나치게 대변한 것이라고 주장한 반면,[6] 의약품에 대한 지재권 보호 강화가 제네릭 생산 중심의 국내 제약산업의 체질개선에 긍정적 영향을 주고[7] 제약분야 R&D 촉진 및 신약개발 동기를 부여하

고 판시하였다.

3) 특허심판원 2008.3.24.자 2007당2503 심결(적극적 권리범위확인심판 사건); 특허권 존속기간 중에 제너릭 의약품의 허가를 위하여 행한 생물학적 동등성 시험에 대해 특허심판원은 "피청구인이 확인대상발명을 제조한 것은 생동시험을 실시하기 위한 것이고 이러한 생동시험은 제네릭 의약품이 기존 신약을 대체할 수 있는 정도로 생물학적으로 동등한지 여부를 확인하는 시험으로서 특허법 제96조 제1항 제1호의 시험에 해당하는 것으로 인정되므로 이를 위한 확인대상발명의 생산, 즉 제조 행위는 특허법 제96조 제1항 제1호에서 규정하는 '연구 또는 시험을 하기 위한 특허발명의 실시'라고 봄이 타당하다."고 하였다.

4) 법률 제9985호, 2010.1.27, 일부개정.

5) 한국 특허법 제96조(특허권의 효력이 미치지 아니하는 범위) ① 특허권의 효력은 다음 각 호의 어느 하나에 해당하는 사항에는 미치지 아니한다. 1. 연구 또는 시험(「약사법」에 따른 의약품의 품목허가 · 품목신고 및 「농약관리법」에 따른 농약의 등록을 위한 연구 또는 시험을 포함한다)을 하기 위한 특허발명의 실시 (중략)

6) 이해영 · 정인교, 한 · 미 FTA, 하나의 협정 엇갈린 진실, 시대의 창, 2008, 255-256쪽.

7) 국회 FTA 포럼 · 대외경제정책연구원, 한 · 미 FTA 100문 100답, 2007.6, 42쪽.

는 효과를 가져올 것으로 전망하면서[8] 제도 도입에 찬성하는 입장도 있었다. 치열한 찬반 논쟁 속에 한 · 미 FTA 협정문 제18.9조 제5항에 '의약품 허가특허연계제도'가 규정되면서 도입이 이루어졌고, 추가 협상 과정을 거쳐 2차례에 걸친 단계적 이행방안이 확정되었다.[9]

2. 한 · 미 FTA 협정문상의 의약품 허가특허연계제도의 내용

한 · 미 FTA 협정문에는 의약품 지식재산권에 관한 조항들이 포함되어 있으며, 이 중 제18.9조 제5항에 "의약품허가특허연계제도"가 규정되어 있다. 한 · 미 FTA 협정문 제18.9조 제5항의 조문은 아래와 같다.

> 제18.9조 특정 규제제품과 관련된 조치
>
> 5. 당사국이 의약품의 시판을 승인하는 조건으로, 안전성 또는 유효성 정보를 원래 제출한 인 이외의 인이 그러한 정보 또는 당사국의 영역 또는 다른 영역에서의 이전 시판승인의 증거와 같이 이전에 승인된 제품의 안전성 또는 유효성 정보의 증거에 의존하도록 허용하는 경우, 그 당사국은
> 가. 제품 또는 그 승인된 사용방법을 대상으로 하는 것으로 승인당국에 통보된 특허존속기간 동안 시장에 진입하기 위하여 시판승인을 요청하는 모든 다른 인의 신원을 특허권자가 통보받도록 규정한다. 그리고
> 나. 제품 또는 그 승인된 사용방법을 대상으로 하는 것으로 승인당국에 통보된 특허존속기간 동안 특허권자의 동의 또는 묵인 없이 다른 인이 제품을 판매하는 것을 방지하기 위한 시판승인 절차에서의 조치를 이행한다.

---

8) 나성린 편저, 한 · 미 FTA, 대한민국 보고서, 선진화국민회의, 2006, 199-200쪽.

9) 특허권자에 대한 통지부분은 한 · 미 FTA의 발효에 따라 2012년 3월 15일에 한국 제도에 편입되고, 시판방지를 위한 조치부분은 3년의 유예기간을 거쳐서 2015년 3월 15일부터 시행되고 있다.

제18.9조 제5항 가호는 제네릭 개발자가 신약 특허권자에게 제네릭 판매허가 신청에 대하여 통지를 하도록 하는 소위 '통지제도'를 규정하고 있고, 동조 동항 나호는 그 통지 후 특허권자가 이의를 제기하는 경우 식약처의 판매허가절차를 일정 기간 중지시키게 하는 소위 '허가절차중지제도'를 규정하고 있다. 그러나 한 · 미 FTA는 동 허가특허연계제도의 기본원칙만 제시할 뿐이고, 세부적인 사항은 그 기본원칙에 저촉되지 않는 범위에서 한국이 자유롭게 결정할 수 있다.

(1) 의약품 허가특허연계제도의 전제적 상황

신약 개발자가 제출한 안전성 · 유효성 자료를 기초로 그 이외의 자가 그 자료에 근거하여 제네릭 의약품의 시판허가 신청이 허용되는 경우를 전제로 한다. 따라서 제네릭 의약품에 대한 허가신청이 제도적으로 허용되지 아니하거나, 제네릭 의약품을 허가신청할 때에 안전성 · 유효성 자료를 스스로 생산해야 하는 경우에는 적용되지 않는다. 또한 법적으로 허용된다 하더라도, 스스로 자료를 생산한 경우에도 적용되지 않는다.

(2) 허가특허연계제도의 적용 대상

허가특허연계제도의 적용 대상이 되기 위해서는 세 가지 요건이 만족되어야 한다.

첫째, '제품 또는 그 승인된 사용방법'을 대상으로 하는(as covering) 특허이어야 한다. 따라서 대상특허는 물질특허, 조성물특허, 용도특허로 한정되며, 제법특허, 포장특허 등은 적용되지 않는다.[10)]

10) 제법특허의 포함여부에 대해 일부 논쟁이 있었으나, 의약품 등의 안전에 관한 규칙 제18조(의약품 특허목록 등재 등)에 등재 대상 특허를 물질, 제형, 조성물, 의약적 용도로 규정하여 입법론적으로 해결하였다.

둘째, 허가당국에 통보된(notified to the approving authority) 특허이어야 한다. 따라서 이 제도에 의해 보호받고자 하는 신약 개발자는 특허출원 · 등록 절차 이외에 스스로 허가특허연계제도를 활용하여 보호받고자 하는 의사를 표명해야 한다.[11]

셋째, '특허 존속기간 중(during the term of patent)에 시장에 진입하기 위해' 시판허가를 요청하여야 한다. 이 경우 후발 제네릭 제약업체는 기존 신약의 안전성 · 유효성자료를 원용하여 허가신청을 하고, 기존 특허가 무효이거나 그 특허를 침해하지 않았다고 주장하는 경우에만 허가특허연계조항의 적용대상이 된다. 따라서 특허 존속기간 만료 이후에 시장에 진입하거나, 이미 만료된 경우에는 적용대상이 아니다.

(3) 특허권자에 대한 통지

허가특허연계제도 적용 대상인 경우, 기존 신약 특허권자는 제네릭 의약품에 대한 허가를 신청한 자의 신원(identity)을 통지받을 수 있다. 신원[12]은 타인과 구별하여 제네릭 신청인을 특정할 수 있는 정보를 의미하게 된다. 통지의무 주체에 대하여 한 · 미 FTA 협정문에서 명확히 규정하고 있지 않지만 미국과 한국의 관련 법령은 통일되게 제네릭 의약품의 허가신청자에게 그 의무를 부과하고 있으며,[13] 통지받는 주체는 특허권자 및 특허권등재자(신약 허가권자)로 규정하고 있다.

11) 한 · 미 FTA 규정에 따르면 '허가당국에의 통보'가 그 역할을 하게 된다.

12) 신원(identity)은 인격 심리학 등에서 사용된 용어로 사회에 둘러싸여 있는 개인으로서의 자신이나 집단으로서의 자신이 타자와는 다른 어떠한 고유의 의미를 갖는 존재인지 아닌지를 문제로 할 때 기초가 되는 개념으로 '자신이 어떠한 사람인지를 타인에게 이해시킬 수 있는 형태를 나타내는 표지'로 정의될 수 있다(출처: 21세기 정치학대사전).

13) 약사법 제50조의4.

(4) 허가당국의 의무

의약품 허가특허연계제도가 적용되는 경우 허가당국은 시판허가 절차에서의 조치를 취해야 한다. 이를 위해서는 ① 제네릭 의약품의 판매 시도가 '특허권자의 동의 또는 묵인 없이(without the consent or acquiescence)' 이루어져야 하며,[14] ② 그것이 인정되는 경우 허가당국은 제네릭 의약품이 판매되는 것을 방지하기 위한 조치를 시판허가 단계에서 취하여야 한다.

3. 약사법상 의약품 허가특허연계제도

현행 약사법은 제5장의2(의약품에 관한 특허권의 등재 및 판매금지 등)을 설치하여, 제1절과 제2절은 한·미 FTA 협정문상 반드시 이행해야 하는 내용인 의약품에 관한 특허권의 등재와 품목허가 신청사실의 통지 및 판매금지 등을 규정하고, 제3절에서는 한·미 FTA 협정문에는 포함되어 있지 않으나 일반적으로 의약품 허가특허연계제도의 내용으로 인정되는 우선판매품목허가에 대해 규정하였으며, 제4절은 제도 도입과정에서 전개된 찬반 논쟁을 반영하여 영향평가 등과 관련된 내용을 규정하고 있다. 이 중에서 허가당국에 통보된 특허의 적정성 인정 여부, 제네릭 신청 관련 통지의 세부 내용, 통지 의무의 주체, 통지 기한 및 통지받는 대상의 범위(특허권자는 반드시 포함), 제네릭 시판에 대한 특허권자의 동의 또는 묵인 방법, 그 의사의 표시 기한, 제네릭 의약품의 시판방지를 위한 허가절차에서의 조치 기간 및 방법 등의 구체적 내용은 체약국의 재량이 허용되는 사항인바, 허가특허연계제도의 원형인 미국제도와는 다르게 규정하고 있으며, 제네릭 시판 독점권의 도입 및 범

14) 특허권자의 '동의 또는 묵인'은 사전·사후를 막론하고 가능하며, 명시·묵시 모두 가능하다.

위 · 기간 등도 국내 여건을 고려하여 고유의 제도로 도입되었다.

이하에서는 우리나라에 도입되어 시행되고 있는 의약품 허가특허연계제도의 세부 내용과 운영 현황을 살펴보고자 한다.

제2절 의약품 특허권의 등재

1. 개 요

허가특허연계제도는 등재 의약품의 안전성 · 유효성 자료를 근거로 허가신청을 하는 의약품과 등재 특허권과의 관계를 의약품 허가심사 및 시판절차에 반영시킴으로써, 허가와 특허를 연계시키는 제도이다. 따라서 어떤 의약품이 등재 의약품이 될 수 있는지의 문제는 허가특허연계제도가 적용되는 의약품의 범위를 특정하는 의미가 있다.

약사법은 품목허가 또는 변경허가를 받은 자가 당해 허가를 받은 의약품에 관한 특허권의 등재를 신청할 수 있다고 규정하고 있는바 신약, 자료제출의약품, 제네릭 의약품을 구별하지 않고, 허가를 받은 의약품에 관한 특허권이 존재하면 해당 특허권을 의약품 특허목록집에 등재함으로써 등재 의약품으로 될 수 있는 길을 열어 두고 있다. 즉, 품목허가 또는 변경허가를 받은 의약품이라면 종류를 불문하고 등재 의약품으로 될 수 있다. 등재될 수 있는 특허권의 측면에서 본다면, 품목허가 또는 변경허가를 받은 의약품에 관한 물질, 제형, 조성물 및 의약적 용도에 관한 특허권으로서, 해당 의약품의 품목허가 또는 변경허가를 받은 사항과 직접 관련된 특허권이 등재 대상이 된다.

품목허가 또는 변경허가를 받은 자가 허가를 받은 의약품에 관한 특허권을 등재하는 목적은 자신의 의약품의 안전성 · 유효성에 관한 자료를 근거로 품목허가를 신청하는 후발 업체로부터 제네릭 의약품에 대해서 허가신청이 되었다는 사실의 통지를 받고, 나아가 소정의 요건이 충족되는 경우 후발 의약품의 시판를 막을 수 있는 판매금지조치를 취함으로써 자신의 의약품 특허권에 기초한 권리 행사를 하기 위함이다. 따라서 어떤 의약품을 등재 의약품으로 할지 및 어떤 특허권을 등재해 줄지의 여부는, 허가특허연계제도를 적용하는 출발점이 되는 것으로서, 등재 특허권자와 후발 의약품의 허가신청인 사이의 이해관계를 고려하면서, 허가특허연계제도의 취지 및 목적에 맞추어 결정되어야 한다.

2. 특허권 등재의 요건

(1) 특허권 등재를 신청할 수 있는 자

약사법 제31조 제2항 및 제3항에 따른 품목허가 또는 제9항에 따른 품목에 관한 변경허가를 받은 자는 식약처장이 품목허가 또는 변경허가를 받은 의약품에 관한 특허권을 등재·관리하는 의약품 특허목록에 의약품특허권의 등재를 신청할 수 있다(법 제50조의2).

약사법에서는 특허권 등재를 신청할 수 있는 자를 품목허가 또는 변경허가를 받은 자로 제한하고 있으므로, 품목허가 또는 변경허가를 받은 자와 특허권자가 상이한 경우에는 특허권자가 아닌 허가를 받은 자만이 특허권 등재를 신청할 수 있다. 허가특허연계제도는 등재 의약품의 허가를 받은 자와 등재 의약품의 안전성·유효성 자료를 근거로 품목허가를 신청하는 자 사이의 이해관계를 조절한다고 볼 수 있으나, 궁극적으로는 등재특허권의 효력을 강화하는 것으로서 등재특허권자의 이익을 충실히 보호하는 측면이 있음에도 불구하고, 특허권자가 직접 특허권 등재를 신청할 수 없는 것에 대해 의문이 있을 수 있으나, 판매금지신청은 등재 특허권의 존재를 요건으로 하지만 특허권 자체의 직접적인 권리행사로 볼 수는 없다는 점과 대부분 신약의 경우 특허권자와 허가를 받은 자가 상이하고, 이를 둘러싼 실질적인 경제적 이해관계는 등재 의약품의 허가를 받은 자와 후발 품목허가신청자 사이에서 발생한다는 현실을 고려하여 등재 신청자를 허가를 받은 자만으로 제한한 것으로 이해된다.

다만, 특허권자와 허가를 받은 자가 상이한 경우, 허가를 받은 자가 특허권 등재를 신청할 때 특허권자 또는 전용실시권자의 동의가 필요하게 함으로써 특허권자의 의사에 반하는 등재를 사전에 차단하고 있는바, 허가를 받은 자와 특허권자 사이에 발생할 수 있는 이해상충을 조절할 수 있는 수단을 구비하고 있다.

(2) 등재의 대상이 되는 의약품

약사법에는 어떤 의약품에 대해서 특허권 등재를 신청할 수 있는지에 대한 세부적인 규정이 없고, 단순히 "품목허가 또는 변경허가를 받은 의약품"이라고만 규정하고 있다. 그런데, 약사법 제31조 제2항에 따라 의약품을 판매하려는 모든 경우[15] 품목별로 제조판매품목허가를 받아야 한다는 점을 고려하면, 등재의 대상이 되는 의약품을 "품목허가 또는 변경허가를 받은 의약품"이라고 규정하고 있는 약사법의 태도는 신약, 자료제출의약품 또는 제네릭 의약품을 특별히 구별하지 아니하고 모든 의약품을 등재 대상이 되는 의약품으로 보고 있는 것이다.

(3) 등재의 대상이 되는 특허권의 종류 및 등재 요건

등재의 대상이 되는 특허권은 물질, 제형, 조성물 및 의약적 용도

15) 또는 제조업자가 다른 제조업자에게 제조를 위탁하여 의약품을 판매하려는 경우, 또는 제3항에 따라, 제조업자로 허가받지 않은 자가 정해진 절차에 따라 임상시험을 실시한 의약품을 제조업자로 허가받은 자에게 위탁 제조하여 판매하려는 경우.

에 관한 특허권으로서, 해당 의약품의 품목허가 또는 변경허가를 받은 사항과 직접 관련되어야 하고, 해당 의약품의 품목허가일 또는 변경허가일 이전에 특허법 제42조에 따라 출원되고, 존속기간 만료, 무효, 포기 등으로 소멸하지 아니하여야 한다(약사법 제50조의 2 제4항). 개별 특허권이 등재될 수 있는지에 대한 판단은, 각 특허의 신규성, 진보성과 같은 특허등록요건이 아닌 등록된 특허와 품목허가를 받은 의약품 사이에 직접 관련성이 있는지에 따라 정해진다.

특허의 대상은 발명, 즉, 기술사상이며, 품목허가를 받은 의약품은 구체적인 물건이다. 기술사상과 물건 사이에 직접 관련성이 있다는 것은, 그 물건이 특허의 기술사상을 구체화함으로서 구현되는 물건임을 의미한다고 해야 할 것이고, 또한 의약품의 속성을 고려할 때, 의약품 심사과정에서 인정된 안전성·유효성과 특허 사이에 직접적인 관련성이 있어야 할 것이다. 품목허가를 받은 의약품과 특허 사이에 직접 관련성이 있다는 것은 등재를 신청하는 자가 입증해야 하는데, 입증자료로서는 허가 심사와 관련된 자료, 즉 허가 심사의 대상이 된 자료에 의해서 입증해야 한다. 따라서 파라미터 청구항과 같이 다양한 물성을 이용하여 작성된 특허의 경우, 실제 그 특허를 구현한 제품이 품목허가를 받은 의약품이라고 하여도, 허가 심사와 관련된 자료에 의하여 입증되지 않는 한 등재가 거절될 수 있다.

1) 물질특허의 경우

염, 수화물을 비롯하여 용매화물, 무정형, 결정다형에 관한 물질특허가 품목허가 또는 변경허가를 받은 의약품의 주성분에 관한 것인 경우 등재대상이 된다. 제조방법에 의해 한정된 물질, 예를 들어 'A라는 제조방법으로 제조된 화합물 B'가 새로운 물질인 경우에는 등재대상으로 인정된다.[16] 다만, 의료장치와 같은 기구, 도구 등은 등재대상에서 제외된다. 생물 의약품과 관련하여서는 특허청구항에 기재된 가변영역의 아미노산 서열 또는 염기서열이 의약품의 주성분에 관한 것인 경우 등재 대상으로 인정될 수 있다.

물질특허의 경우, 직접 관련성 판단에 있어서는, 품목허가를 받은 의약품의 주성분이 특허청구범위에 직접적으로 기재되어 있거나 또는 하위개념으로 포함되어 있으면 직접 관련성이 인정된다. 예를 들어, 품목허가를 받은 의약품의 주성분이 화합물 X의 A염의 특정 수화물인 경우, 특허청구범위에 X라는 화합물이 기재되어 있거나, 또는 X라는 화합물의 상위개념만 기재되어 있어도 직접 관련성이 인정된다. 다만, 물질특허의 특허청구범위에 품목허가 또는 변경허가를 받은 의약품의 주성분이 상위개념으로 기재되어 있기는 하지만, 특허명세서로부터 품목허가를 받은 의약품의 주성분을 도출하거나 이를 인식할 수 없는 경우 직접 관련성을 인정해야 하는지의 여부가 문제된다. 과거에는 실제 의약품에 포함되는 주성분을 특정하여 물질특허 명세서에 구체적으로 개시하는 것이 통상적이었지만, 최근에는 물질특허를 2개로 나누어 시차를 두고 출원하면서 최초의 물질특허[17] 명세서에서는 실제 의약품의 주성분인 화합물을 개시하지 않고 상위개념으로만 작성하여 출원하고, 두 번째 물질특허[18] 명세서에서 그 물질을 구체적으로 개시하는 경우가 있고, 최초의 물질특허 명세서로부터 품목허가를 받은 의약품의 주성분을 인식할 수 없는 경우가 존재할 수 있다. 현행 식약처 실무에

---

16) 통상 물건에 관한 청구항은 그 물건을 구성하는 구조(structure)로서 특정하고, 방법에 관한 청구항은 그 방법을 구성하는 단계(step)로서 그 방법을 특정한다. 그런데 출원인이 물건에 관한 구성과 방법에 관한 단계를 섞어서 하나의 청구항에 담는 특별한 형태가 존재하는데, 이를 제조방법에 의해 한정된 물건 청구항(product by process claim: 이하 'pbp 청구항')이라고 한다. pbp 청구항은 방법에 의해 특정되어 있기는 하지만 본질적으로 물건 발명에 해당한다는 이유로 등재대상으로 인정하는 것이 일반적이다.

17) 통상적으로 물질특허 G라고 지칭한다.

18) 통상적으로 물질특허 S라고 지칭한다.

서는, 의약품의 주성분이 해당 특허권의 특허청구범위에 상위개념으로만 개시되어 있어도 등재를 허용하고 있고, 이는 특허청에서 운용하는 특허권존속기간 연장등록제도의 운용과 유사한 판단방식을 취한 것으로 이해된다.

2) 제형특허의 경우

제형에 관한 특허는 의약적 효과를 증대시키기 위한 주사용, 경구 등 제형(제제)의 특수성을 기술적 특징으로 하는 특허로서, 예를 들면 경피흡수제, 서방성 제제, 이식정 등에 관한 특허가 포함된다. 다만, 수액백, 스텐트, 설명서 또는 첨부문서를 포함하는 키트, 알루미늄 블리스터 패키지 등에 관한 특허는 등재 대상에 해당되지 않는다. 한편, 미세과립, 고체분산체 또는 마이크로에멀젼 등 제조공정 중 최종 제형이 아닌 그 중간단계에 관한 특허라도 품목허가 또는 변경허가를 받은 의약품 제형과 직접 관련성이 있는 경우에는 등재대상이 될 수 있다. 제형특허의 경우, 허가상의 원약분량과 특허청구범위를 비교하여 동일성이 인정되면 직접 관련성이 인정된다. 또한 제형특허에 용출률 또는 PK[19]와 관련된 파라미터가 기재되어 있는 경우에는, 허가심사 과정에서 식약처에 제출한 자료에 기재되어 있는 파라미터와 동일성이 인정되면 직접 관련성이 인정될 것이다.

3) 조성물 특허의 경우

조성물 특허는 의약품의 조성 전체 또는 일부에 관한 구성요소의 조합에 특징이 있는 특허로서, 품목허가 또는 변경허가증에 기재되어 있는 원약분량에 부합하는 경우 등재가 허용된다. 다만, 품목허가증에 기재된 원약분량이 특허청구범위에 포함되지 않음이 명백한 경우에는 직접 관련성이 부인되어야 할 것이다. 또한 조성물 특허의 대부분은 주성분을 비롯한 부형제 및 첨가제의 조합에

19) 약물동력학(Pharmacokinetics: PK).

관한 것이므로, 부형제 또는 첨가제와 관련한 허가변경이 있을 때 직접 관련성 심사를 다시 해야 할 필요가 있다. 왜냐하면 낮은 변경 수준으로 원약분량이 변경되는 경우 비교용출 등의 간단한 절차만으로 허가변경이 이루어지지만, 이 경우 변경된 원약분량과 등재특허권 사이의 직접 관련성은 소멸될 수 있기 때문이다.

4) 용도특허의 경우

용도특허는 의약품이 발휘하는 새로운 효능 · 효과, 용법 · 용량에 관한 특허를 말하며, 특허청구범위에 기재된 의약용도와 품목허가 또는 변경허가를 받은 의약품의 효능 · 효과 또는 용법 · 용량 사이에 직접 관련성이 있는 경우 등재대상이 된다. 이 경우 특허청구범위에 기재된 의약용도와 품목허가를 받은 의약품의 적응증 사이에 문언적으로 정확히 일치할 필요는 없지만, 특허심사과정에서 명백하게 제외된 의약용도가 품목허가를 받은 의약품의 적응증으로 명시되어 있는 경우에는 직접 관련성을 부인해야 할 것이다. 나아가 품목허가를 받은 의약품이 복수의 적응증을 가지고 있는 경우, 각 개별 적응증에 관한 복수의 용도특허가 존재하는 경우 모든 용도특허가 등재대상이 될 수 있으며, 적응증이 추가되는 경우 추가된 적응증에 관한 용도 특허가 존재한다면 당해 용도 특허 역시 추가 등재의 대상이 된다.

3. 특허권 등재의 절차

품목허가를 받은 날로부터 30일 이내에 소정의 사항이 기재된 등재 신청서를 식약처에 제출해야 한다(약사법 제50조의2 제2항). 다만, 품목허가를 받은 이후에 특허권의 설정등록이 된 경우에는 설정등록일로부터 30일 이내에 등재 신청을 할 수 있다. 의약품 특허권의 등재를 신청한 자는 등재에 대한 결정이 있기 전에는 등재 신청서 내용의 변경을 신청할 수 있지만, 특허청구항을 추가하는 경우에는 원등재신청기간(품목허가를 받은 날로부터 30일 이내 또는 설정등록일로부터 30일 이내) 내에 행해야 한다. 식약처장은 등재 신청이 있는 경우, 등재 요건을 충족한다고 판단하면 의약품의 명칭, 특허번호 등 총리령으로 정하는 사항을 특허목록에 등재하고 이를 의약품 특허목록 인터넷 홈페이지[20]에 공개한다.

4. 특허권 등재의 효과

품목허가를 받은 의약품에 관하여 특허권이 등재된 경우, 당해 의약품은 등재 의약품이 되고, 관련 특허는 등재 특허권이 된다. 등재 의약품이 되면, 당해 의약품의 안전성·유효성에 관한 자료를 근거로 제31조 제2항 또는 제3항에 따라 의약품의 품목허가를 신청하거나 변경허가를 신청한 자로부터 허가 신청한 사실 등을 통지받을 수 있으며, 소정의 요건을 갖추어 판매금지신청을 할 수 있다.

5. 특허권 등재사항의 변경 및 삭제

(1) 신청에 의한 변경 및 삭제

특허권이 등재된 이후 특허권의 내용에 변경이 있는 경우, 특허권 등재자는 등재사항의 변경을 신청할 수 있다(약사법 제50조의3 제1항). 예를 들면, 특허권자의 주소나 대리인의 변경 등과 같은 서지적 사항이 변경된 경우, 허가 변경으로 인하여 직접 관련성이 있는 특허청구항이 변경되었거나 또는 정정심판으로 인한 특허의 내용 자체의 변경이 있는 경우에는 변경된 내용이 의약품 특허목록에 반영되도록 변경신청을 할 수 있다. 또한 법문에 명백하게 기재되어 있지는 않지만 등재사항의 변경이나 삭제가 아닌, 등재 특허권

20) https://medipatent.mfds.go.kr

자체를 삭제하여 달라는 신청도 가능하다. 신청에 의한 변경 및 삭제를 허용하는 이유는 잘못 등재된 특허를 삭제할 수 있도록 하여 불필요한 분쟁을 방지하기 위해서이다. 한편, 등재특허를 변경 또는 삭제하는 경우, 제3자의 불측의 손해를 방지하기 위해 이해관계인의 의견을 듣도록 하고 있다. 이는 등재특허의 삭제로 최초신청자가 우선판매품목허가를 받지 못하게 되는 불측의 결과 등을 방지하기 위함이다.

현행 실무에서는 등재 의약품의 안전성 · 유효성에 관한 자료를 근거로 의약품의 품목허가를 신청한 자가 등재 특허권에 대하여 특허심판을 청구하여 계속 중인 경우에도 특허권 등재자의 등재특허권 삭제 신청을 받아들여 의약품 등재목록으로부터의 삭제를 허용[21]하고 있지만, 이는 후발 제약사의 우선판매품목허가권 취득에 대한 동기 측면에서는 다른 관점이 제시될 수 있다.

(2) 직권에 의한 변경 및 삭제

신청에 의한 변경 이외에, 식약처장은 특허권자가 특허의 등재에 관한 동의를 철회한 경우나 등재 요건을 충족하지 아니하게 된 경우, 거짓이나 그 밖의 부정한 방법으로 의약품 특허권이 등재된 경우에는 직권으로 등재사항을 변경하거나 삭제할 수 있다. 그러나, 무효심판 등에 의하여 일부 청구항이 무효로 되거나 또는 정정심판 또는 정정청구에 의해서 특허의 내용에 변경이 있는 경우 이와 같은 사항을 식약처에서 바로 파악하기 어려우므로 특허의 내용이 변경되어 있음에도 불구하고 변경 전 내용이 계속 등재되어 있을 가능성이 있다. 따라서 특허내용에 대한 변경이 있는 경우, 특

---

21) 예를 들면, 베타미가 서방정 25 밀리그램(미라베그론)에 관하여 등재되어 있는 특허 제1524164호의 경우, 다수의 무효심판 및 권리범위 확인심판이 계속 중 특허권등재자의 요청에 의하여 등재가 삭제되었다.

허권 등재자에게 이를 지체없이 식약처장에게 보고케 하는 의무를 부가하는 것이 바람직할 것이다.

(3) 제3자의 신청에 의한 변경 및 삭제

등재 의약품의 안전성 · 유효성에 관한 자료를 근거로 품목허가를 신청하는 후발 제약사의 입장에서는, 등재 특허권의 존재는 자신의 허가를 방해하는 요인으로 작용한다. 따라서 후발 제약사가 등재 특허권이 제대로 등재되었는지를 다툴 수 있는 수단이 필요한데, 현행 약사법에서는 이를 명문으로 규정하고 있지 않다. 따라서 후발 제약사로서는, 식약처장의 직권 변경 또는 삭제의 발동을 촉구하는 의미에서 등재 요건을 충족하지 않는다는 정보를 제공하는 등의 소극적 관여를 할 수밖에 없다. 그러나 등재 요건을 충족하지 않은 경우의 식약처장의 등재 특허권 삭제는 재량사항으로 규정되어 있으며, 등재 특허권의 삭제와 관련된 절차에서 이해당사자인 후발 제약사가 직접적으로 관여하는 것이 불가능하다는 문제점이 있다. 따라서 등재 특허권에 관하여 제3자가 그 등재의 적법 여부를 다툴 수 있도록 하는 절차가 필요하다. 예를 들면 우리나라 보다 먼저 허가특허연계제도를 실시하였으며 특허의 등재심사를 실질적으로 행하고 있는 캐나다의 경우, 관련 당사자의 이의에 의하여 특허 등재가 부적법하다고 확인된 경우 재심사를 진행하고 있으므로[22] 이를 참조할 수 있을 것이다.

---

22) GUIDANCE DOCUMENT Patented Medicines (Notice of Compliance) Regulations (Published by authority of the Minister of Health, Canada) 5.1 "If a patent alleged to be improperly listed is identified, either by the OPML or by the complaint of an interested party, the OPML will undertake a re-audit of the patent to determine the eligibility of the listing."

제3절 품목허가 신청사실의 통지

1. 개 요

약사법 제50조의4에서는 등재 의약품의 안전성·유효성에 관한 자료를 근거로 품목허가를 신청하는 자는 품목허가를 신청했다는 사실을 비롯하여 자신의 신원 등을 특허권 등재자 및 등재 특허권자에게 통지하도록 규정하였다. 이와 같은 품목허가 신청사실의 통지는 단순한 사실의 통지행위가 아니라, 통지된 의약품이 판매금지신청의 대상이 된다는 점 및 통지 의무가 발생한 자만이 우선판매품목허가를 신청할 수 있는 적격을 갖게 된다는 점에서 의미가 있다.

2. 특허관계확인서의 제출

의약품 특허목록에 의약품에 관한 특허권이 등재된 의약품의 안전성·유효성에 관한 자료를 근거로 의약품의 제조판매·수입 품목허가를 신청하는 경우에는 특허관계 확인서와 그 사유를 적은 서류 및 근거자료를 제출하여야 한다. 특허관계확인서의 특허관계란에는 허가 신청하는 의약품과 등재 특허권과의 관계를 명시해야 하는데 다음 중 하나를 선택하면 된다; (1) 등재특허권의 존속기간이 만료된 경우, (2) 등재특허권의 존속기간이 만료된 후에 의약품을 판매하기 위하여 품목허가 또는 변경허가를 신청한 경우, (3) 특허권 등재자와 등재특허권자 등이 통지하지 아니하는 것에 동의한 경우, (4) 의약적 용도에 관한 등재특허권이 품목허가나 변경허가를 신청한 의약품의 효능·효과와 관련된 것이 아닌 경우 및 (5) 등재 특허권이 무효이거나 해당 특허권을 침해하지 아니한다고 판단되는 경우.

위 (1)~(5)중 (5)를 선택한 자, 즉, 등재 특허권이 무효이거나 또는 허가 신청을 한 의약품이 등재 특허권을 침해하지 아니한다고 판단한 자만이 약사법 제50조의4에 규정된 통지 의무가 발생하며, (1)~(4)를 선택한 자는 통지의무가 발생하지 않는다.

3. 통지의무의 발생

(1) 통지를 해야 하는 자

등재 의약품의 안전성 · 유효성에 관한 자료를 근거로 의약품의 품목허가를 신청하거나 효능 · 효과에 관한 변경허가를 신청한 자는 허가를 신청한 사실, 허가신청일 등 총리령으로 정하는 사항을 특허권등재자와 등재특허권자 등에게 통지하여야 한다.

(2) 통지의무의 면제

등재 의약품의 안전성 · 유효성에 관한 자료를 근거로 의약품의 품목허가를 신청하거나 효능 · 효과에 관한 변경허가를 신청한 자라고 하여도, (1) 등재특허권의 존속기간이 만료된 경우, (2) 등재특허권의 존속기간이 만료된 후에 의약품을 판매하기 위하여 품목허가 또는 변경허가를 신청한 경우, (3) 특허권등재자와 등재특허권자 등이 통지하지 아니하는 것에 동의한 경우, (4) 의약적 용도에 관한 등재특허권이 품목허가나 변경허가를 신청한 의약품의 효능 · 효과와 관련된 것이 아닌 경우에는 통지의무가 면제된다.

(3) 통지의무 발생과 사실상의 통지행위

통지의무가 발생하지 않았음에도 불구하고 사실상의 통지를 한 경우 허가신청한 의약품이 통지 의약품으로 취급되어 판매금지의 대상 및 우선판매품목허가를 취득할 수 있는지가 문제된다. 예를 들면, 특허관계확인서상의 "(4) 의약적 용도에 관한 등재특허권이 품목허가나 변경허가를 신청한 의약품의 효능·효과와 관련된 것이 아닌 경우"는 그 속성상 "(5) 등재 특허권이 무효이거나 해당 특허권을 침해하지 아니한다고 판단되는 경우"와 중복된다. 즉, 등재 특허권이 A라는 의약용도에 관한 것이고, 등재 의약품이 A 및 B라는 적응증을 가질 때, 허가 신청한 의약품이 B라는 적응증만으로 허가 신청하였다면, 이는 등재 특허권이 허가 신청한 의약품의 효능·효과와 관련된 것이 아니라고 볼 수 있으나, 다른 한편으로는, 허가 신청한 의약품이 등재 특허권을 침해하지 아니한다고 판단되는 경우에도 해당한다. 이 경우, 후발 업체가 특허관계확인서에 "(4) 의약적 용도에 관한 등재특허권이 품목허가나 변경허가를 신청한 의약품의 효능·효과와 관련된 것이 아닌 경우"를 선택하지 아니하고 "(5) 등재 특허권이 무효이거나 해당 특허권을 침해하지 아니한다고 판단되는 경우"를 선택한 후 등재 특허권자 등에게 통지를 한 경우, 허가 신청한 의약품이 통지된 의약품으로서의 적격을 누릴 수 있는지가 문제된다. 만약, 통지 의약품의 적격이 있다면, 판매금지 신청 및 우선판매품목허가 취득의 대상이 될 수 있고, 통지 의약품으로서의 적격이 없다면 통지를 하였음에도 불구하고 판매금지 신청 및 우선판매품목허가 신청은 거절될 것이다.

약사법 제50조의4 제1항은 품목허가 신청사실 통지의무의 발생에 관하여 규정하고 있고, 예외적으로 같은 항 각호의 1에 해당하는 경우 품목허가 신청사실 통지의무가 면제되므로, 원칙과 예외의 관계에 비추어 볼 때 예외 사유인 약사법 제50조의4 제1항 각호는 같은 항의 원칙이 훼손되지 않도록 엄격히 해석되어야 한다. 나아가 우선판매품목허가 거부처분은 침익적 행정처분이라고 할 것이므로, 그 근거가 되는 같은 항 각호의 1을 과도하게 확장 해석할 수는 없다는 점을 고려하면, 특허관계확인서상의 (1) 내지 (4)의 특허관계에 문리적으로 포함되지 아니하는 경우는 모두 위 (5)에 해당하여 등재특허권자 등에 대한 통지의무를 부담하는 것으로 보는 것이 타당할 것이다.

(4) 통지의무 면제사유가 소멸된 경우

통지의무가 면제되었던 경우라도, 해당 사유가 소멸한 경우, 예를 들어, 품목허가를 신청할 때에는 특허권의 존속기간 만료 후에 판매하겠다고 하였다가[특허관계확인서의 (2) 선택], 허가를 받은 이후 특허 무효 또는 비침해를 주장하는 허가변경신청서를 제출하는 경우[특허관계확인서의 (5) 선택] 등에는 변경허가의 신청자는 그 신청사실을 통지하여야 한다.

4. 통지내용 및 절차

특허관계확인서상의 (5)를 선택한 자는 아래와 같은 내용을 기재한 서면(품목허가신청사실 통지서)을 품목허가 또는 변경허가의 신청일로부터 20일 이내에 특허권 등재자와 등재 특허권자 양방에 통지하여야 한다.

- 품목허가를 신청한 사실
- 품목허가 또는 변경허가 신청일
- 등재특허권의 존속기간 만료 전에 의약품을 상업적으로 제조·수입하여 판매할 목적으로 등재 의약품의 안전성·유효성에 관한 자료에 근거하여 품목허가 또는 변경허가를 신청한 사실
- 등재특허권이 무효이거나 품목허가 또는 변경허가를 신청한 의약품이 등재특허권을 침해하지 아니한다는 판단의 근거
- 기타 허가신청의 내용(주성분 및 그 함량, 제형, 용법·용량, 효능·효과 등)

품목허가신청사실 통지서는 내용증명으로 발송하며, 특허권 등재자와 등재 특허권자(또는 국내 대리인)의 주소에 도달하면 통지가

이루어진 것으로 본다. 여기서 도달이라 함은 사회통념상 상대방이 통지의 내용을 알 수 있는 객관적 상태에 놓여졌다고 인정되는 상태를 의미한다. 따라서 등재특허권자 등이 정당한 사유 없이 통지의 수령을 거절하여 반송된 때에는 그 통지의 내용을 알 수 있는 객관적 상태에 놓여 있었다고 할 것이므로 통지가 이루어진 것으로 보아야 할 것이다. 또한 통지를 한 자는 통지한 사실을 증명할 수 있는 서류를 지체 없이 식품의약품안전청장에게 제출하여야 하고, 이 경우 식품의약품안전처장은 통지 의약품의 허가신청일, 주성분, 제형 등 총리령으로 정하는 사항을 인터넷 홈페이지에 공개하여야 한다.

5. 통지의 효력

(1) 판매금지신청의 대상 적격

통지가 완료되면 허가 신청한 의약품은 통지 의약품의 지위를 갖는다. 등재 특허권자 등은 통지를 받은 날부터 45일 이내에 소정의 요건을 충족하여 통지 의약품에 대한 판매금지신청을 할 수 있으므로, 현실적으로는, 판매금지신청의 대상이 된다는 의미가 있다.

(2) 우선판매품목허가 신청의 적격

우선판매품목허가를 신청할 수 있는 자는, "제50조의4에 따라 통지를 하여야 하는 자"이다. 따라서 통지행위를 완료함으로써 우선판매품목허가를 신청할 수 있다고 볼 수 있는 측면이 있으나, 보다 정확하게 말한다면 이를 통지라는 사실행위의 효력으로 볼 수는 없다. 왜냐하면, 통지의무가 발생하지 않았음에도 불구하고 사실상의 통지를 한 경우에는 우선판매품목허가의 신청적격이 없는 것으로 해석하는 것이 타당하기 때문이다.

(3) 통지를 하지 않거나 기한을 도과한 통지의 취급

식약처장은 통지의무가 발생하였음에도 불구하고 통지를 하지 않은 경우 해당 품목허가 또는 변경허가를 하여서는 아니 된다. 즉, 통지의 효력이 발생해야만 품목허가를 취득할 수 있다. 또한 품목허가 또는 변경허가의 신청일로부터 20일 이내에 통지를 하지 아니하고 뒤늦게 통지한 경우, 특허권 등재자 또는 등재 특허권자 등에게 통지한 날 중 통지가 늦은 날을 품목허가 또는 변경허가 신청일로 본다. 우선판매품목허가의 취득 요건 중 하나가 가장 이른 날에 품목허가신청을 한 자라는 점을 감안하면, 이와 같은 신청일 늦춤 효과는 우선판매품목허가의 취득을 어렵게 한다.

제4절 판매금지

1. 개 요

약사법 제50조의5에 규정된 판매금지 신청은 등재 의약품의 안전성 · 유효성에 관한 자료에 근거하여 허가신청을 한 의약품의 시판을 일정기간 동안 방지하는 제도적 장치이다. 판매금지제도는 의약품 허가절차에서 의약품 특허권에 대한 추가적 보호를 함과 동시에 후발 의약품이 판매되기 이전에 특허권자와 후발 제약사 간의 특허분쟁 해결을 도모한다는 의미가 있다.

2. 판매금지의 신청요건

(1) 판매금지를 신청할 수 있는 자

판매금지를 신청할 수 있는 자는 등재특허권자 등이다. '등재특허권자 등'이란 특허목록에 등재된 특허권자 또는 전용실시권자를 말하며, 등재 의약품의 허가를 받은 자는 판매금지신청을 할 수 없다. 허가를 받은 자가 등재 특허권자의 전용실시권자로 설정되어 있는 경우에는 판매금지신청을 할 수 있지만 이는 허가를 받은 자로서가 아닌 등재 특허권의 전용실시권자 자격으로서 신청을 하는 것이다. 등록된 통상실시권자는 판매금지를 신청할 수 없다.

(2) 소송요건

판매금지를 신청하기 위해서는, 등재특허권자 등은 판매금지를 신청하기 전에 통지의약품을 대상으로 특허권침해금지청구소송, 특허권침해예방청구소송을 지방법원에 제기하거나 적극적 권리범위확인심판을 특허심판원에 청구하여야 한다. 또는 후발 제약사로부터 소극적 권리범위확인심판을 청구받고 대응한 경우에도 판매금지 신청을 할 수 있다. 판매금지 신청을 하기 위한 요건으로서 이와 같은 소송요건을 요구하는 이유는, 판매금지는 특허권의 효력을 의약품의 허가심사 과정에서 추가적으로 확장시키는 것이므로, 최소한 특허권자가 특허권에 기초하여 후발 의약품에 대하여 권리행사를 할 의도가 있음을 확인하기 위함이다. 따라서 특허권 침해금지 청구소송 등의 제기 사실만으로 소송요건을 충족시킬 수 있으며 반드시 승소를 요건으로 하는 것은 아니다.

한편, 등재특허권자가 특허권침해금지 가처분을 제기한 경우 판매금지신청을 할 수 있는지에 대하여 의문이 있으나, 약사법 제50조의5는 판매금지신청을 하기 위한 소송의 종류를 명확하게 한정하여 언급하고 있는바, 현행법하에서는 특허권침해금지 가처분만을 제기한 후 판매금지신청은 할 수 없다고 해석하는 것이 타당하다. 또한 특허무효심판은 소극적 권리범위확인심판과는 달리, 등재 특허권자가 대응한 것만으로는 판매금지신청을 할 수 없다. 이는 무효심판의 경우, 무효심판 청구인뿐만이 아닌 제3자에 대한 대세효가 인정되므로, 구체적인 후발 제약사를 대상으로 하는 판매금지의 속성상, 무효심판에 응소하였다는 이유만으로 특허권을 권리 행사하려는 의사가 있다고 판단하기는 어렵기 때문이다.

(3) 시기적 요건

등재특허권자 등은 제50조의4에 따른 통지를 받은 날부터 45일 이내에 판매금지를 신청하여야 한다. 또한 판매금지를 신청하기 전에 특허권침해금지 청구소송 등을 해야 하므로, 통지를 받은 날부터 45일 이내는 소송을 제기하기 위한 시기이기도 하다. 통지를 받은 날이란 등재특허권자 등 또는 그 대리인의 주소로 통지가 도달한 날을 의미한다.

3. 판매금지 신청의 절차 및 효과

(1) 신청절차

1) 판매금지 신청서의 제출

판매금지를 신청하는 등재특허권자 등은 제50조의4에 따른 통지를 받은 날부터 45일 이내에 식약처장에게 통지의약품의 판매금지 신청서를 제출해야 한다. 이때 (1) 판매금지 신청은 정당하게 등록된 특허권에 기하여 이루어진 것이고, (2) 판매금지신청을 하기 위한 특허권침해금지 청구소송 등을 선의로 청구 또는 제기하였으며, 승소의 전망이 있고, 심판 또는 소송 절차를 불합리하게 지연하지 아니할 것이라는 취지의 진술서를 첨부하여야 한다(약사법 제50조의5 제1항).

2) 판매금지 신청기간의 경과 전 품목허가 금지

식약처장은 판매금지 신청기간이 경과할 때까지 통지의약품에 대한 품목허가 또는 변경허가를 하여서는 아니 된다. 즉, 등재특허권자 등이 통지를 받은 날로부터 45일이 경과할 때까지 후발 업체는 원칙적으로 품목허가를 취득할 수 없다. 다만, (1) 판매금지가 신청된 의약품이 등재특허권의 권리범위에 속하지 아니한다는 취지의 심결 또는 판결이 있은 경우, (2) 등재특허권이 무효라는 취지의 심결 또는 판결이 있은 경우 및 (3) 의약품특허권의 등재가 위법하다는 취지의 재결 또는 판결이 있은 경우에는 품목허가를 받을 수 있는데, 위와 같은 심결 또는 판결이 있는 경우에도, 그 심결이나 판결이 상소심에서 취소되는 경우에는 그렇지 않다.

3) 신청횟수의 제한

한번 판매금지를 하였던 의약품에 대해서는 추가적으로 판매금지를 신청할 수 없다. 이는 1개의 후발의약품에 대하여 판매금지 신청은 원칙적으로 1회만 허용함으로써, 판매금지 신청의 남용에 따른 제네릭 의약품의 출시 지연을 방지하기 위함이다. 다만, 예외적으로 새로운 효능·효과를 추가하는 허가변경신청의 경우에는, 추가적인 판매금지 신청이 가능한데, 이는 효능·효과가 동일하지 않은 경우에는 이를 동일 의약품으로 볼 수 없다는 점과 신규 적응증이 추가되고 그와 관련된 의약용도 특허가 등재되어 있는 경우 이를 충실히 보호하기 위한 것이다.

(2) 판매금지 신청의 효과

판매금지 신청을 받은 식약처장은 판매금지가 신청된 의약품에 대한 품목허가 또는 변경허가를 할 때 판매금지 신청의 거부사유에 해당하지 않는 한 등재특허권자 등이 통지받은 날부터 9개월 동안 판매를 금지하여야 한다. 즉, 판매금지 신청을 한 경우, 소정의 사유가 존재하지 않는 한 판매금지처분이 내려지게 된다.

4. 판매금지신청의 거부사유

식약처장은 아래와 같은 사유가 있는 경우, 등재특허권자 등의 판매금지 신청을 거부할 수 있다.

(1) 신청기간을 준수하지 않은 경우

등재특허권자 등의 판매금지신청이 통지를 받은 날로부터 45일이 경과한 이후에 이루어진 경우에는 판매금지신청을 거부할 수 있다.

(2) 존속기간 만료, 포기 등으로 소멸된 특허권을 기초로 한 경우

등재특허권이 존속기간 만료 또는 포기 등으로 소멸된 경우 판매금지 신청을 거부할 수 있다. 이는 한미 FTA 협정상, 판매금지조치는 특허권이 정당하게 등록되어 존속 중일 것을 전제로 하며 판매금지는 특허권 효력의 확장이라는 점을 고려했을 때 특허권이 소멸되었을 경우에는 당해 특허권에 기초한 판매금지를 인정할 수 없다는 점에서 당연한 것이다. 등재특허권자가 판매금지 신청을 할 당시에는 특허권이 존속 중이었으나 판매금지 처분을 내릴 때에 특허권의 존속기간이 만료된 경우에는 본 거부사유를 근거로 판매금지신청을 거부해야 한다.

(3) 소송요건을 충족하지 못한 경우

판매금지신청을 하기 전에 특허침해의 금지 또는 예방 청구의 소를 제기하지 않거나 권리범위 확인심판을 청구하거나 받지 않은 상태에서 판매금지 신청을 한 경우에는 판매금지신청이 받아들여지지 않는다. 판매금지 신청을 먼저 한 후, 추후 상기 소송이나 심판을 청구한 경우에 판매금지 신청은 거부된다.

(4) 거짓이나 그 밖의 부정한 방법으로 의약품 특허권이 등재된 경우

의약품 특허권이 등재되는 과정에 있어서 거짓이나 기타 부정한 방법으로 의약품 특허권이 등재된 경우, 그 등재는 원천무효의 사유를 가지고 있고, 또한 직권에 의한 등재 특허권 삭제의 대상이 되므로, 이와 같은 등재 특허권에 기초한 판매금지 신청은 거부된다.

(5) 동일의약품 중 일부에 대하여만 판매금지 신청이 된 경우

등재특허권자 등이 2개 이상의 의약품에 대하여 후발의약품 신청자로부터 통지를 받고, 통지된 의약품과 동일한 의약품으로서 그 동일의약품 중 일부에 대하여서만 판매금지신청을 한 경우에는 판매금지 신청이 거부된다. 이는 등재특허권자 등이 임의로 특정 후발제약사의 제품에 대해서만 판매금지 신청을 함으로써 담합행위가 발생할 우려를 사전 차단하기 위한 조치로서 도입된 것이다. 다만, 동일하지 않은 의약품의 경우에는 일부 의약품에 대해서만 판매금지 신청을 하였다는 이유로 판매금지신청이 거부되지는 않는다.

〈동일의약품〉

주성분 및 그 함량, 제형, 용법 · 용량, 효능 · 효과가 같은 의약품이 동일한 의약품이다. 따라서, 위 4가지 요소가 동일하면, 부형제나 첨가제가 다른 경우에도 동일의약품이 된다. 동일의약품은 원칙적으로 품목허가를 받기 위해 제출하는 안전성 · 유효성 자료를 판단기준으로 하며 실질적 내용의 차이로 동일여부를 판단한다. 예를 들면, ① 주성분의 경우, 염이 다르거나 이성체인 화합물은 주성분이 다른 것으로 보고 수화물, 결정형이 다른 경우에는 동일성분으로 볼 수 있으며, ② 제형은 대한약전을 기준으로 동일성을 판단하고, ③ 용법 · 용량의 경우 문언을 기초로 판단하되 주성분을 기준으로 실제 사용량 · 방법에 차이가 없다면 동일한 것으로 판단할 수 있으며, ④ 효능 · 효과도 허가 받은 적응증의 문언의 동일성으로 판단할 수 있다. 동일의약품의 판단은 판매금지 거부사유뿐만 아니라 우선판매품목허가의 효력범위를 판단하는 기준이 되므로, 보다 상세한 내용은 우선판매품목허가에서 설명한다.

(6) 판매가능한 동일의약품이 존재하는 경우

판매금지가 신청된 의약품과 동일의약품으로서 이미 등재 의약품의 안전성 · 유효성에 관한 자료를 근거로 품목허가 또는 변경허가를 받고 판매가 가능한 의약품이 존재하는 경우에는 판매금지 신청이 거부된다. 이는 후발 업체가 허가 신청한 의약품과 동일한 의약품이 이미 시판되고 있는 경우, 당해 의약품에 대해서 판매금지조치를 내리는 것은 등재 특허권자에게 아무런 이익을 줄 수 없는 반면, 이를 허용한다면 오리지널 업체와 후발 업체 사이의 담합의 유인을 제공할 수 있으므로 이를 방지하기 위함이다. 여기에서 '판매가능'한 동일의약품이 존재한다는 것은, 법률상 및 사실상 판매가 가능한 의약품이 존재한다는 경우를 의미하는 것으로서, 기존 의약품에 대해서 가처분이 내려져 있다거나, 또는 특허권 존속기간 만료 후 판매라는 부관이 설정되어 있다거나, 또는 약사법 제50조의6에서 규정하는 판매금지상태에 있는 등의 사정이 없이 실제로 판매가능한 상태에 놓여 있어야 함을 의미한다. 따라서 본 조에 의하여 실제 판매금지가 거부되는 대표적인 경우는, 오리지널사의 동의를 얻은 위임제네릭 제품(Authorized Generic)이 시판되고 있는 경우, 당해 제네릭 제품과 동일한 의약품에 대한 판매금지 신청을 했을 때일 것이다.

(7) 비침해 또는 무효라는 취지의 심결 또는 판결이 있는 경우

허가 신청을 한 의약품이 등재 특허권을 침해하지 않는다는 취지의 심결이나 판결이 있는 경우, 또는 등재 특허권이 무효라는 취지의 심결이나 판결이 있는 경우에는 등재 특허권자가 한 판매금지신청은 거부된다. 이는 판매금지 제도가 특허권의 보호범위를 확장하는 제도임을 고려할 때, 애당초 특허권의 권리범위에 속하지 않거나 또는 특허무효사유가 있는 경우, 특허권의 권리행사가 불가함에도 불구하고 추가적 · 부수적 효력을 인정할 수는 없기 때문이다.

다만, 본 조에서는, 특허권 비침해 또는 특허무효를 특허법 제162조에 따른 심결이나 이 심결의 심결취소소송으로부터 내려진 판결로 한정하고 있는데, 일반 특허권침해금지청구소송에서도 비침해 판단 및 특허무효 판단을 행하고 있다는 점을 고려할 때 심결 및 판결의 범주를 확장할 필요성은 있다고 생각된다.

(8) 등재특허권이 정부에 의하여 수용, 강제 실시의 대상이 되거나 통상실시권 설정의 재정 대상이 된 경우

등재특허권이 「특허법」 제106조 제1항, 제106조의2 제1항에 해당하거나 같은 법 제107조에 따른 재정의 대상이 된 경우에는 공공의 이익을 위해서 특허발명을 실시해야 하는데 이와 같은 상황에서 특허권의 독점적 효력을 확장하는 판매금지를 허여할 수 없으므로, 이와 같은 경우에는 판매금지신청이 거부된다.

5. 판매금지조치의 효력 및 소멸사유

(1) 판매금지조치의 효력

1) 판매금지

등재특허권자 등의 판매금지 신청이 있을 때, 식약처장은 등재특허권자 등의 판매금지 신청에 대해서 거부사유의 존부를 심사한 후, 거부사유가 없는 경우 등재특허권자 등이 품목허가 사실을 통지받은 날부터 9개월간의 기간 동안 통지 의약품의 판매를 금지하는 조치를 하여야 한다. 판매금지조치는 품목허가는 부여하되 정해진 기간까지는 판매하지 못하도록 하는 내용의 조건부 허가를 부여하는 방식으로 이루어지며, 이 경우 식약처장은 등재특허권자 등과 통지의약품의 품목허가 또는 변경허가를 신청한 자에게 판매금지된 의약품의 명칭 및 판매금지기간을 알려야 한다.

2) 약가신청 불가

판매금지조치는 약가신청을 할 수 없게 하는 부수적 효력이 있다. 약제의 결정 및 조정 기준 제2조에서는 요양급여대상 결정 후 즉시 판매가 불가능한 약제는 신청대상에서 제외한다고 규정함으로써 판매금지조치가 내려져 있는 의약품에 대해서는 약가등재결정 신청을 할 수 없도록 하고 있다.

(2) 판매금지 소멸 사유

적법하게 내려진 판매금지조치라 하더라도 아래의 시점에서 즉시 소멸된다.

1) 판매금지가 신청된 의약품이 등재특허권의 권리범위에 속하지 아니한다는 취지의 심결일 또는 판결일

판매금지된 의약품이 등재특허권의 권리범위에 속하지 않는다는 취지의 심결 또는 판결이 내려진 경우 판매금지가 소멸된다. 본 조항에서 말하는 심결 또는 판결은 소극적 권리범위확인심판으로부터의 인용심결 및 심결취소소송으로부터의 판결을 의미하는 것으로 해석된다. 한편, 적극적 권리범위확인심판에 대한 기각심결의 경우 판매금지가 신청된 의약품이 등재특허권의 권리범위에 속하지 아니한다는 취지로 볼 여지가 있으나, 각하 심결의 경우에는 후발 업체의 승소이기는 하지만 이를 판매금지가 신청된 의약품이 등재특허권의 권리범위에 속하지 아니한다는 취지의 심결로 보기는 어렵다고 할 것이다.

2) 판매금지가 신청된 의약품이 등재특허권을 침해하지 아니한다는 취지의 판결일

특허권 침해금지 청구소송 등에서 판매금지가 신청된 의약품이 등재특허권을 침해하지 아니한다는 취지의 판결이 내려진 경우 판매금지가 소멸된다. 본 조항은 심판, 소송의 종류를 불문하고, 법원의 판결에 의하여 판매금지가 신청된 의약품이 등재특허권을 침해하지 아니한다고 판단된 경우 판매금지를 소멸시키고 있으나 특허권침해금지가처분 등의 보전처분으로부터 내려지는 결정에서 행하는 비침해 판단은 제외하고 있다.

3) 등재특허권이 무효라는 취지의 심결일 또는 판결일

등재특허권이 무효라는 심결 또는 판결이 내려지는 경우 판매금지는 소멸된다. 즉, 무효심판의 경우 심판이나 소송을 청구한 주체와 관계없이 무효심결 또는 판결이 내려지기만 하면 판매금지가 소멸된다. 이는 무효심결의 대세효에 의한 것으로서, 허가 신청한 의약품에 관하여 아무런 심판이나 소송을 행하지 않아도, 제3자가 무효심판을 진행하는 경우 판매금지가 소멸될 수 있음을 나타낸다.

4) 의약품특허권의 등재가 위법하다는 취지의 재결일 또는 판결일

판매금지는 등재 특허권의 효력을 확장시키는 것이므로, 의약품특허권의 등재 자체가 위법한 경우 이에 기초한 판매금지는 위법하다. 따라서 위약품 특허권의 등재가 위법하다는 취지의 재결 또는 판결이 있는 경우 판매금지는 소멸된다.

5) 제50조의5 제2항 각 호 중 어느 하나의 심판 또는 소송이 특허권자등의 취하, 취하의 동의, 화해 또는 각하 등으로 종료된 날

판매금지를 신청하기 위하여 등재특허권자 등이 청구한 심판 또는 소송이 취하되거나, 또는 합의에 의하여 종료되거나 각하된 경우 판매금지가 소멸된다. 이는 등재특허권자 등의 권리행사 의사가 없어졌음을 의미하므로 더 이상 판매금지의 효력을 유지할 필요가 없기 때문이다.

6) 제50조의5 제2항 각 호 중 어느 하나의 심판 또는 소송과 관련하여 중재 또는 조정이 성립된 날

판매금지를 신청하기 위하여 등재특허권자 등이 청구한 심판 또는 소송과 관련하여 등재특허권자와 후발 업체 사이에 중재 또는 조정이 성립한 경우, 후발 업체에 대한 등재특허권자 등의 권리행사 의사가 소멸되었음을 의미하므로 판매금지의 효력 역시 소멸된다.

7) 등재 의약품의 품목허가 또는 변경허가 소멸일

등재 의약품의 품목허가 또는 변경허가가 소멸된 경우에까지 제네릭 의약품의 출시를 막는 것이 허가특허연계제도의 취지가 아니므로 등재 의약품의 허가 자체가 소멸된 경우 판매금지는 소멸된다.

8) 등재특허권의 존속기간 만료일

등재특허권의 존속기간이 만료된 경우 이에 기초한 판매금지는 당연히 소멸한다.

9) 등재특허권자 등이 판매금지 또는 제50조의7에 따른 우선판매품목허가와 관련하여 「독점규제 및 공정거래에 관한 법률」 제3조의2 제1항, 제19조 제1항 또는 제23조 제1항을 위반하였다는 공정거래위원회의 의결 또는 법원의 판결이 있은 날

등재특허권자 등이 불공정 거래행위를 한 것이라는 취지의 의결 또는 판결이 있는 경우 판매금지가 소멸된다.

10) 거짓이나 부정한 방법으로 판매금지를 신청한 것으로 판명된 날

위와 같은 판매금지 소멸사유 중 (1)~(4), (6), (9) 및 (10)의 경우 등재특허권자 또는 후발의약품 신청자는 식약처장에게 위와 같은 사실을 지체없이 알려야 하고, 식약처장은 소멸사유가 발생하였을 때 그 사실을 등재특허권자와 후발의약품 신청자에게 알려야 한다.

제5절 우선판매품목허가

1. 개 요

우선판매품목허가제도는 특허목록에 등재된 의약품의 특허권 효력을 다투어 승소한 자에게 의약품을 우선적으로 판매할 수 있도록 함으로써, 특허권에 대한 도전을 활성화하고, 제네릭 의약품의 시장 진입을 촉진하기 위한 제도[23]로 오리지널 제약사 측의 판매금지에 대응하여 제네릭 제약사 측의 경쟁력 강화를 위해 도입되었다. 우선판매품목허가는 미국 해치왁스만법 하에서 인정되는 제네릭 독점권(Generic exclusivity)을 기초로 설계된 것인데, 한미 FTA에 규정된 품목허가 신청사실의 통지 및 판매금지는 특허권자

23) 2015.3.13. 법률 제13219호로 개정되어 2015.3.25. 시행된 「약사법」 국회 심사보고서 참조.

의 이익을 보다 충실히 보호하는 역할을 하지만, 제네릭 의약품에는 출시를 지연시키는 작용을 하므로 이를 보완하기 위해서 제네릭 의약품의 출시를 촉진하는 수단이 필요하였기 때문이다. 즉, 품목허가 신청사실의 통지 및 판매금지 제도를 통해 의약품 특허권이 등재됨으로써 등재특허권자는 후발 의약품의 출시상황을 인지하고 제네릭 의약품의 판매를 지연시킬 수 있다. 반면, 우선판매품목허가는 등재특허권에 대한 특허 도전을 장려함으로써 무효사유가 있는 등재특허권에 기한 권리남용을 방지하고, 나아가 정당하게 회피설계한 제네릭 의약품의 경우 그 판매가 지연되지 않도록 하기 위한 촉진책으로서 도입하게 된 것이다. 우선판매품목허가를 취득하는 경우, 우선판매품목허가를 취득하지 못한 자보다 9개월 동안 시장을 선점할 수 있는 기회가 부여되고, 따라서 경쟁사보다 자사의 제품을 먼저 출시하고자 하는 제약사에게 특허도전 및 신속한 제네릭 의약품 개발에 대한 충분한 유인책이 될 것으로 기대되었다. 약사법에서는 우선판매품목허가의 취득요건으로 신속한 품목허가신청 및 남들보다 앞선 특허도전을 요구한다. 양 취득요건은 신속한 제네릭 출시를 위하여 허가 측면 및 특허도전 측면에서 남들보다 신속하게 행동할 것을 요구하는 의미가 있다고 할 것이다.

2. 우선판매품목허가의 신청

(1) 우선판매품목허가를 신청할 수 있는 자

우선판매품목허가를 신청할 수 있는 자는 "제50조의4에 따라 통지를 하여야 하는 자", 즉, 통지의무를 부담하는 자이다. 통지의무를 부담하는 자는, 등재 의약품의 안전성 · 유효성에 관한 자료를 근거로 제31조 제2항 또는 제3항에 따라 의약품의 품목허가를 신청하거나 같은 조 제9항에 따라 효능 · 효과에 관한 변경허가를 신청한 자로서 통지의무가 면제되지 않은 자를 의미한다. 따라서, 통지의무가 면제된 자가 사실상의 통지행위를 하였다고 하여도 우선판매품목허가를 신청할 수 없다.

(2) 신청시기

우선판매품목허가의 신청은 품목허가의 신청과 동시에 이루어져야 하고, 특허관계를 변경하는 변경허가신청의 경우 변경허가 신청과 동시에 할 수 있다. 예를 들면, 품목허가 신청 시에는 특허관계를 "(2) 등재 특허권의 존속기간 만료 후 판매"로 선택하여 품목허가를 취득하고, 추후 이를 "(5) 등재 특허권의 무효"로 변경하는 허가변경신청을 하는 경우에는, 허가변경 신청과 동시에 우선판매품목허가 신청을 할 수 있다.

(3) 우선판매품목허가 신청 시 필요사항

우선판매품목허가를 받으려는 자는 신청자의 인적사항, 특허번호, 특허심판번호, 심판 청구일 등을 기재한 우선판매품목허가 신청서에 청구취지 및 청구이유가 기재되어 있는 심판 청구서 등의 심판관련서류를 첨부하여 식약처장에 제출해야 한다. 또한 품목허가신청 의약품이 의약품 동등성의 입증이 필요한 의약품인 경우 동등성 입증 시험 결과를, 품목허가신청 의약품이 임상시험성적에 관한 자료 제출 의약품인 경우 임상시험성적 결과를 첨부해야 하는데, 이는 등재 의약품의 안전성 · 유효성에 관한 자료를 근거로 허가신청하였음을 확인하기 위한 자료이다.

3. 우선판매품목허가의 취득요건

우선판매품목허가를 취득하기 위한 요건은 크게 특허심판요건 및 허가신청요건으로 나뉜다. 양자 모두, 경쟁자들 보다 신속하게

(보다 정확하게는 경쟁자들보다 늦지 않게) 심판청구를 하고 허가신청을 해야 함을 규정하고 있다는 점에서 제네릭 의약품의 신속한 출시와 직접적으로 관련되어 있다.

(1) 허가신청요건

우선판매품목허가를 받기 위해서는, 통지하여야 하는 의약품의 품목허가 또는 변경허가를 신청한 자 중 가장 이른 날에 품목허가 또는 변경허가를 신청한 자이어야 하며, 같은 날에 신청한 자가 여럿인 경우 모두 같은 순위로 본다. 이때 가장 이른 날에 품목허가 또는 변경허가를 신청한 자는, 통지의무를 갖는 자 중에서 가장 이른 날에 품목허가 또는 변경허가를 신청한 자를 의미한다. 따라서, A가 B보다 품목허가를 더 이른 날에 신청하였다고 할지라도, A는 통지의무가 없고 B만이 통지의무를 갖는다면 B는 우선판매품목허가 취득요건을 만족할 수 있다. 예를 들면, 특허관계로서 A는 등재 특허권의 존속기간 만료 후 판매를 선택하고 B는 등재 특허권의 무효를 선택한 경우, A는 통지의무를 갖지 않고 B는 통지의무를 갖게 되므로, B만이 허가신청요건을 만족하게 된다.

가장 이른 날에 품목허가 또는 변경허가를 신청한 자라고 규정되어 있으므로, PMS 기간이 잔존하고 있는 품목의 경우, PMS 만료일의 익일에 품목허가를 신청하면 특별한 사정이 없는 한 허가신청요건은 만족하게 된다. 다만, PMS 기간이 이미 만료된 경우에는 남들보다 신속하게 품목허가신청을 하는 자가 우선판매품목허가를 취득할 수 있게 된다. 또한 본 조에서는 품목허가 또는 변경허가를 신청한 자라고 규정하고 있으므로 그 신청이 반드시 품목허가 취득으로 이어지는 것을 요건으로 하는 것은 아니다. 예를 들어, 아래 그림 5와 같이, A사가 품목허가신청을 했다가 반려된 경우에도 품목허가신청 사실은 남아 있으므로 그 이후에 B사가 품목허가신청을 한 후 최초 심판에서 승소하였다고 하더라도, B사는 가장 이른 날에 품목허가 신청을 한 자가 아니므로 우선판매품목허가를 취득할 수 없다는 것이 식약처의 판단[24]이다.

〈그림 5〉 허가신청이 반려된 경우 최초 신청의 판단

(2) 특허심판요건

우선판매품목허가를 받으려는 자는 품목허가 또는 변경허가 신청을 하기 전에 특허법 제 133조에 따른 특허의 무효심판, 특허법 제134조에 따른 특허권 존속기간 연장등록의 무효심판 또는 특허법 제135조에 따른 권리범위 확인심판을 최초로 또는 최초 심판이 청구된 날로부터 14일 이내에 청구해서, 통지를 받은 날로부터 9개월이 경과하기 전에 특허의 무효, 존속기간 연장등록의 무효 또는 해당 의약품이 특허권리범위에 속하지 아니한다는 취지의 심결 또는 판결을 받아야 한다.

1) 특허심판의 종류

우선판매품목허가를 받으려는 자는 특허법 제133조에 따른 특허의 무효심판, 특허법 제134조에 따른 특허권 존속기간 연장등록의 무효심판 또는 특허법 제135조에 따른 권리범위 확인심판 중 어느 하나의 심판을 청구해야 한다. 위 심판들은 등재 특허권의 무효 또는 비침해라는 통지의무의 발생과 직접적으로 연관되는 심판으로

24) 제약특허연구회 2018년 2분기 정기세미나(http://www.medipana.com/news/news_viewer.asp?NewsNum=222071)

서, 등재 특허권을 무효로 하거나 또는 허가 신청한 의약품이 등재 특허권의 권리범위에 속하지 않음을 직접적으로 확인할 수 있다는 점에서 허가특허연계제도의 운영을 수월하게 할 수 있다는 측면이 있다. 따라서 특허권침해금지청구소송이나 관련 가처분 절차에서 특허를 무효로 한다는 취지의 판결이나 결정이 있다고 하여도 이와 같은 판결 또는 결정에 기하여 우선판매품목허가를 취득할 수는 없다.

또한 제134조에 따른 특허권 존속기간 연장등록의 무효심판이 우선판매품목허가의 취득의 근거가 되는 특허심판으로 규정되어 있는데, 이는 등재 의약품의 자료를 근거로 품목허가 등을 신청하는 의약품의 발매를 실질적으로 앞당길 수 있는 심판이라는 점을 고려해서 포함된 것이다. 다만, 아직까지는 특허권 존속기간 연장등록의 무효심판에 기초하여 우선판매품목허가가 부여된 케이스는 없는 것으로 알려져 있다.

2) 특허심판의 청구시기

우선판매품목허가를 받기 위해서는 품목허가 또는 변경허가를 신청하기 전에 특허심판을 청구해야 한다. 우선판매품목허가제도는 조속한 특허도전을 통하여 제네릭 의약품의 신속한 출시를 독려하기 위한 것이므로 품목허가신청 시까지 특허도전이 행해지지 않으면 제도의 목적을 달성할 수 없으므로 이와 같은 청구시기의 제한을 둔 것이다.

품목허가 또는 변경허가를 신청하기 전에 특허심판을 청구해야 함과 아울러 특허심판을 청구한 자가 복수인 경우, 가장 먼저(최초로) 또는 가장 먼저 청구된 심판청구일로부터 14일 이내에 청구해야만 우선판매품목허가를 취득할 수 있다. 이와 같이 특허심판의 상대적 시기를 규정한 것은, 후발 제약사들의 경쟁을 독려하여 가급적 더 빠른 특허도전을 장려하고, 또한 남들보다 한 발 앞서 특허도전을 준비하는 제약사에게 혜택을 주기 위함이다.

① 최초로 심판을 청구한 자　　품목허가 또는 변경허가를 신청하기 전에 심판을 청구한 자로서, 최초로 심판을 청구한 자를 의미한다. 최초로 심판을 청구하였다는 것은, 해당 특허에 관하여 그 이전에 무효심판, 존속기간연장등록 무효심판 또는 권리범위 확인심판이 청구된 적이 없음을 의미한다. 또한 위 3가지 종류의 심판 내에서는 심판의 종류를 불문하고 가장 먼저 심판을 청구한 자를 의미하므로, 예를 들면, A가 권리범위확인심판을 청구한 후 B가 심판의 종류를 달리하여 무효심판을 청구하였다고 하여도 최초로 심판을 청구한 자는 A가 된다. 무효심판에 관해서는 B가 가장 먼저 심판을 청구하였다는 이유로 B 또한 최초로 심판을 청구한 자가 되는 것은 아니다.

또한 최초로 심판을 청구한 자는 그 심판에서 인용심결을 받은 것을 전제로 하는 개념이다. 따라서 A가 먼저 심판을 청구한 후 B가 늦게 심판을 청구하여도, 만약 A가 청구한 심판에서 기각심결 또는 각하심결이 내려지고 B가 청구한 심판에서 인용심결이 내려지면 최초로 심판을 청구한 자는 B가 된다. 마찬가지로 심판청구가 취하된 경우에는, 당해 심판을 청구한 자는 최초로 심판을 청구한 자가 될 수 없다. 심판청구가 취하되면, 심판청구는 처음부터 없었던 것으로 보기 때문이다. 등재특허권이 복수인 경우, 최초로 심판을 청구한 자의 판단은 각 특허별로 행한다. 예를 들어, 하나의 품목에 A(물질특허), B(용도특허) 및 C(조성물 특허)의 3가지 특허가 등재되어 있는 경우, 이들 각각의 특허에 대하여 최초로 심판을 청구한 자는 모두 상이할 수 있다. 또한 여러 의약품에 대하여 공통적으로 등재된 하나의 특허가 존재하는 경우 최초 심판청구는 도전이 이루어진 하나의 의약품에 대해서만 존재한다.

② 최초 심판이 청구된 날부터 14일 이내에 심판을 청구한 자　품목허가 또는 변경허가를 신청하기 전에 심판을 청구한 자로서, 최초로 심판을 청구한 자 이외에도 최초로 청구된 심판의 청구일

로부터 14일 이내에 심판을 청구한 자는 우선판매품목허가를 취득할 수 있다. 우선판매품목허가의 요건을 최초로 심판을 청구한 자 이외에도 이와 같이 유예기간을 둔 것은, 특허도전을 준비하고 있었던 제약사가 복수일 경우 상호 간 특허도전을 어느 시점에 할지 알 수 없으므로 최초의 심판청구가 있었을 때 최소한의 유예기간으로서 14일을 부여함으로써 또 다른 제약사에게 발생할 수 있는 불측의 피해를 예방하고 우선판매품목허가를 취득할 수 있는 길을 열어 둔 것이다. 유예기간으로서 14일이 정해진 이유는, 통상적으로 특허심판청구가 있는 경우 특허등록원부에 심판청구사실이 등록되는 기간 및 특허도전을 준비하고 있던 자가 이를 정리하여 특허심판 서류를 작성하는 최소한의 시간을 고려한 것이다.

그러나 14일의 유예기간의 도입은 그로 인해 얻어지는 유익함과 아울러 과도하게 많은 심판청구 등 문제점도 발생시켰다. 예컨대 2015년에는 약 2,000여 건의 특허심판이 청구되었고 이 중 대부분은 14일의 유예기간에 맞추어진 것이었다. 이로 인하여, 우선판매품목허가의 대부분은 복수의 제약사가 공유하게 되었고, 변별력을 갖지 못하게 되었다. 이에 유예기간을 아예 삭제하거나 또는 이를 조정해야 한다는 의견이 제약업계로부터 대두[25]된 바 있다.

③ 최초 심판 또는 14일 이내 심판청구보다 심결을 더 빨리 받은 자　　특허심판을 최초로 청구하거나 또는 최초 심판이 청구된 날로부터 14일 이내에 청구하는 것이 우선판매품목허가를 받기 위한 원칙적인 요건이지만, 예외로서, 최초로 청구된 심판 또는 14일 이내 청구된 심판보다 먼저 심결을 받은 경우 우선판매품목허가의 요건을 충족할 수 있다. 이는 비록 심판청구는 늦었으나 심결을 신속하게 받음으로써 조속한 제네릭 의약품 출시에 기여한 자에게도

25) 의약품 허가특허연계제도 정책 포럼(식약처 주최, 2017.5.23) (http://www.biospectator.com/view/news_view.php?varAtcId=3324)

우선판매품목허가를 부여하기 위하여 도입된 것이다. 예를 들어, 등재 특허권에 대하여 A가 최초로 무효심판청구를 하고 심판청구일로부터 14일 이내에 B가 무효심판청구를 한 경우에 있어서, 그 이후 C가 권리범위확인심판 청구를 하였으나 C의 권리범위확인심판 사건으로부터 심결이 가장 먼저 내려진 경우에는 C가 우선판매품목허가를 취득할 수 있다. A와 B 역시 인용심결을 받은 경우에는 우선판매품목허가를 취득할 수 있으므로 이 경우에는 A, B 및 C 모두가 우선판매품목허가를 취득할 수 있다. 특히 위 예시에서 만약 무효심판에서 기각심결이 내려지는 경우 C는 단독으로 우선판매품목허가를 취득할 수 있다. 따라서 등재 특허권에 관하여 무효심판만이 계속 중인 경우에는 심판청구일로부터 14일이 경과하였다 하더라도 권리범위확인심판을 청구하여 우선판매품목허가를 취득할 수 있는 길이 열려 있음을 유념해야 할 것이다.

3) 특허심판에서의 승소

우선판매품목허가를 받으려는 자는 무효심판, 존속기간 연장등록의 무효심판 또는 권리범위 확인심판 중 어느 하나의 심판을 청구하여 인용심결 또는 판결을 받아야 한다. 즉, 특허를 무효로 한다는 취지의 심결 또는 허가 신청한 의약품이 등재 특허권의 권리범위에 속하지 않는다는 취지의 심결 또는 판결을 받아야 한다. 이때 심결 또는 판결은 최소한 등재된 특허 청구항을 모두 포함하고 있어야 한다. 예를 들어, 등재 특허권의 청구범위가 1항 내지 10항이 존재하고 있으며, 이 중 1~5항만 등재 청구항인 경우, 무효심결 또는 권리범위 심결의 주문에는 최소한 1~5항에 대한 무효 또는 권리범위 판단이 기재되어 있어야 한다. 반면 6~10항의 경우에는 기각되어도 우선판매품목허가 취득에는 영향이 없다.

한편, 특허심판에서는 심판청구가 기각되고, 심결취소소송에서 심결을 취소한다는 판결이 내려지는 경우에도, 특허법원의 판결일이 통지를 받은 날로부터 9개월을 경과하지 않는 경우 우선판매품목허가를 취득하는 데에는 아무런 영향이 없다. 즉, 반드시 특허심판원으로 사건이 환송되어 무효심결이 내려지기를 기다려야 하는 것이 아니다.

4) 심결의 시기

우선판매품목허가를 받기 위해서는, 통지를 받은 날로부터 9개월이 경과하기 전에 특허의 무효, 존속기간 연장등록의 무효 또는 해당 의약품이 특허권리범위에 속하지 아니한다는 취지의 심결 또는 판결을 받아야 한다. 통상적으로, 품목허가신청을 한 후 즉시 등재 특허권자에게 통지를 하는 현행 실무를 고려하면, 대체적으로 품목허가신청일로부터 약 9개월 후까지 인용심결이나 판결을 받아야만 우선판매품목허가를 받을 수 있다. 무효심판을 청구하여 심결을 받을 때까지 약 1년 정도의 시간이 소요된다는 점을 고려하면, 품목허가 신청일에 임박하여 심판을 청구하는 경우 심결의 시기적 요건을 충족하지 못하는 경우가 발생할 수 있다. 권리범위확인심판의 경우, 무효심판과 비교하여 심리기간이 비교적 짧지만 사건에 따라 1년 이상의 기간이 소요되는 경우도 있으므로 우선판매품목허가의 취득을 희망하는 제약사 입장에서는 품목허가신청일보다 충분히 이른 시점에서 심판청구를 검토해야 할 것이다. 나아가 특허심판원에서 기각된 후 특허법원의 심결취소소송에서 심결취소판결을 얻는 경우까지 감안한다면 최소한 품목허가신청일로부터 1년 이전에 특허도전을 하는 것이 바람직하다.

4. 우선판매품목허가의 심사절차

우선판매품목허가의 취득요건을 충족하는 우선판매품목허가신청이 있을 때 식약처장은 의약품의 품목허가 또는 변경허가와 함께 우선판매품목허가를 하여야 하고, 우선판매품목허가를 신청한 자에게 우선판매 품목허가 의약품의 명칭 및 우선판매품목허가기간을 알려야 한다(약사법 제50조의8, 의약품 등의 안전에 관한 규칙 제62조의8).

식약처에서는 우선판매품목허가신청이 행해진 경우, 우선판매품목허가 신청서와 함께 심결문이 제출되거나, 품목허가일 25일 전에 심결문이 제출된 경우에는 품목허가일로부터 10일 이내에 우선판매품목허가를 부여할 것인지의 여부를 결정하고, 그 이후에 심결문이 제출된 경우에는 심결문 제출일로부터 35일 이내에 우선판매품목허가를 부여할 것인지의 여부를 결정한다. 품목허가와 함께 우선판매품목허가를 하여야 한다는 것은 품목허가증에 우선판매품목허가를 취득하지 못한 자보다 우선적으로 의약품을 판매할 수 있다는 취지의 내용이 기재된다는 의미이지, 품목허가증과 별도로 우선판매품목허가증이 발부되는 것은 아니다. 즉, 아직 우선판매품목허가를 부여할지의 여부가 결정되지 않은 상태에서 품목허가증에는 하기와 같은 내용이 기재된다.

1. 이 의약품은 등재 의약품 '○○○'에 관한 등재 특허 제○○○호의 특허권이 무효이거나 해당 특허권을 침해하지 않는다는 귀 업체의 '특허관계 확인서'에 근거하여 허가된 의약품임. 2. 이 의약품은 추후 약사법 제50조의8 제1항에 따라 우선판매품목허가가 결정되는 경우, - 의약품 특허목록 인터넷 홈페이지(http://medipatent.mfds.go.kr)의 '우선판매품목허가의약품'란에 공고되는 우선판매품목허가 기간 동안 우선판매 또는 판매가 금지될 수 있음. 3. 만일, 정당한 사유 없이 상기 조건을 이행하지 아니할 경우 본 품목허가를 취소할 수 있음.

추후 우선판매품목허가가 결정되는 경우, 위 기재를 삭제하면서 아래와 같이 해당 의약품이 우선판매품목허가 의약품이라는 취지의 기재가 된다.

1. 이 의약품은 약사법 제50조의8 제1항에 의한 우선판매품목허가 의약품이며, 우선 판매품목허가 기간은 의약품 특허목록 인터넷 홈페이지(http://medipatent.mfds.go.kr)의 '우선판매품목허가의약품'란에 공고된 기간임. 2. 약사법 제50조의10 제1항 및 제2항에 따라 동일의약품 등에 대한 판매금지 효력이 소멸될 수 있으며, 의약품 등의 안전에 관한 규칙 제62조의10 제1항에 따라 법 제50조의10 제1항 제2호 또는 제2항 각 호의 사유가 있는 경우 즉시 그 사실을 식약처(의약품허가특허관리과)에 알려야 함.

우선판매품목허가를 취득하게 되면, 식약처장은 의약품 특허목록 인터넷 홈페이지에 우선판매품목허가 의약품의 주성분 및 함량, 제형, 용법 · 용량, 효능 · 효과, 허가일 및 우선판매품목허가기간을 공개한다.

5. 우선판매품목허가의 효력

우선판매품목허가를 취득하게 되면, 식약처장은 우선판매품목허가를 받은 의약품과 동일의약품으로서, 등재 의약품의 안전성 · 유효성에 관한 자료를 근거로 품목허가 또는 변경허가를 신청한 의약품 중 등재 의약품과 유효성분이 동일한 의약품에 대한 품목허가 또는 변경허가를 할 때 9개월간 판매를 금지할 수 있다(약사법 제50조의9 제1항). 식약처장은 법 제50조의9 제1항에 따른 판매금지 기간을 우선판매품목허가를 받은 의약품과 동일의약품에 대한 품목허가 또는 변경허가를 신청한 자에게 알려야 한다(의약품 등의 안전에 관한 규칙 제62조의9). 즉, 우선품목허가를 취득하게 되면 우선품목허가를 받지 못한 의약품의 판매가 9개월간 금지되므로, 우선품목허가권자는 9개월간 시장을 선점할 수 있는 반사적 효력을 갖게 된다. 다만, 우선판매품목허가는 배타적 · 독점적으로 의약품을 판매할 수 있도록 하기 위하여 부여되는 독점권이 아니라, 특허도전에 성공한 자에 대하여 그 보상으로 품목허가에 부가하여 일정 기간 동안 우선적인 판매기회를 부여하는 제도인바, 우선판매품목허가를 받은 자에게 다른 의약품제조업체에 대하여 독점 판매 및 판매 금지를 직접 주장하거나 이를 사인 간에 처분할 수 있는 권리가 발생하는 것은 아니다(다만, 품목허가 자체를 양도함으로써 우선판매품목허가를 양도하는 결과로 될 수는 있다). 결국, 우선판매품목허가를 취득했다는 이유로 타인의 의약품 시판의 금지를 직접적으로 소구할 수는 없는 노릇이지만, 의약품을 시판하기 위해서는 식약처의 허가가 필수적임을 고려할 때, 결과적으로 우선판매품목허가를 취득함으로 인하여 타인의 의약품의 시판이 금지되는 등 현실적 이익은 상당하다. 이하에서는, 우선판매품목허가의 취득으로 인하여 얻어지는 반사적 이익을 우선판매품목허가의 효력범위로 보고 설명한다.

(1) 동일의약품의 범위

우선판매품목허가를 취득하였을 때 판매가 금지되는 의약품의 범위는 '우선판매품목허가를 받은 의약품과 동일 의약품'이다. 동일의약품은 주성분 및 그 함량, 제형, 용법 · 용량, 효능 · 효과가 동일한 의약품을 의미하며, 위 4가지 요소가 동일한 경우, 부형제나 첨가제가 다른 경우에도 동일의약품이 된다. 동일의약품은 원칙적으로 품목허가를 받기 위해 제출하는 안전성 · 유효성 자료를 판단기준으로 하며 실질적 내용의 차이로 동일여부를 판단한다. 각 요소별로 동일성 판단방법을 살피면 다음과 같다.

1) 주성분 및 그 함량의 동일

우선판매품목허가를 받은 의약품의 주성분과 동일한 화합물을 주성분으로 하는 의약품은 주성분이 동일하다고 판단한다. 다만, 우선판매품목허가를 받은 의약품의 주성분과 염이 다르거나(예를 들면, 실데나필 시트레이트와 실데나필 프리베이스 등), 우선판매품목허가를 받은 의약품의 주성분은 라세미체인데 이성체 화합물을 주성분으로 하는 의약품의 경우(예를 들면, 오메프라졸과 에스-오메프라졸)에는 주성분이 동일하지 않는 것으로 판단한다. 마찬가지로, 우선판매품목허가를 받은 의약품의 주성분의 에스터 화합물의 경우에는 염이 다른 경우에 준하여 판단될 것이다. 다만, 결정형이나 수화물만이 다른 경우에는 주성분이 동일한 것으로 판단할 수 있다.

문제로 되는 것은, 용매화물 또는 공결정 등과 같이 식약처의 허가 기준이 명백하지 않은 경우이다. 이 경우에는, 품목허가를 받기 위해 제출하는 안전성 · 유효성 자료를 판단기준으로 하며 실질적 내용의 차이로 동일여부를 판단해야 할 것이다. 예를 들어, 동물독성 자료를 비롯한 임상 1상을 통한 안전성 · 유효성 자료의 제출로 허가를 받는 염변경 의약품의 경우를 참작하면, 용매화물이나 공결정의 허가 과정에 있어서 염 변경 의약품과 동일한 수준의 안전성 · 유효성 자료의 제출이 요구되는 경우에는 이를 동일한 의약품으로 보기는 어려울 것이다. 또한 주성분이 동일하다 하더라도 그 함량에 따라 효능 · 효과에 차이가 있으며, 이를 인정받기 위해 임상시험 결과 등을 별도 제출한 경우 해당 함량들은 서로 다른 것으로 취급할 수 있다.

2) 제형의 동일성

안전성 · 유효성 심사를 위해 제출하는 자료를 기준으로 실질적 내용 차이를 검토하되, 대한약전의 제형 구분 기준을 참고할 수 있다. 한편, 정제와 캡슐의 경우, 대한약전상으로는 서로 명확히 구분되는 제형이지만, 그 주성분의 종류 및 함량이 동일하고, 그 허가과정에 제출하는 안전성 · 유효성에 관한 자료가 등재 의약품과의 생물학적 동등성을 나타내는 자료로서 동일하다면 이를 동일한 제형이라고 판단해야 할 것이다. 다만, 투여경로가 다른 의약품의 경우(예를 들면, 경구투여용 정제와 설하정의 경우)에는 그 안전성 · 유효성 자료가 동일하지 않으므로 이를 다른 제형이라고 보아야 할 것이다.

3) 용법 · 용량의 동일

문언을 기초로 판단하되 주성분을 기준으로 실제 사용량 · 방법에 차이가 없다면 동일한 것으로 판단할 수 있다. 예를 들면, 1일 1회 1정을 투여하는 주성분 함량 100mg 의약품과 1일 1회 2정을 투여하는 성분 함량 50mg 의약품은 동일하다고 취급해야 할 것이다.

4) 효능 · 효과의 동일

제네릭 의약품의 효능 · 효과는 등재 의약품의 적응증과 동일하므로, 효능 · 효과의 동일성은 허가받은 적응증의 문언의 동일성으로 판단할 수 있다. 다른 의약품이 우선판매품목허가를 받은 의약품의 효능 · 효과 중 일부의 효능 · 효과만을 가진 경우에도 동일한 효능 · 효과를 가진 것으로 판단할 수 있다. 만약 의약적 용도 특허에 대해 무효 심결 등을 받아 우선판매품목허가를 받은 의약품이 있는 경우, 해당 용도 특허에 의해 보호되고 있었던 효능 · 효과를 가지는 의약품은 당연히 동일 효능 · 효과를 가진 것으로 취급해야 한다.

(2) 등재 의약품과 유효성분이 동일한 의약품

우선판매품목허가를 취득하였을 때 판매가 금지되는 의약품의 범위는'우선판매품목허가를 받은 의약품과 동일 의약품'으로서, '등재 의약품의 안전성 · 유효성에 관한 자료를 근거로 품목허가 또는 변경허가를 신청한 의약품 중 등재 의약품과 유효성분이 동일한 의약품'이다. 우선판매품목허가를 받은 의약품 역시 등재 의약품의 안전성 · 유효성에 관한 자료에 근거하여 품목허가를 신청한 의약품으로서 우선판매품목허가를 받은 의약품과 동일 의약품이라면, 등재 의약품과 유효성분이 동일할 수밖에 없을 터인데, 본 규정을 구태여 도입한 것은 등재 의약품에 관한 안전성 · 유효성에 관한 자료에 근거하지 아니하고 독자적인 안전성 · 유효성 자료에 근거하여 허가를 받은 의약품(즉, 독자적인 임상 3상 시험 등을 통하여 안전성 · 유효성을 입증하여 허가를 받은 경우 등)으로서 복합제에 관한 우선판매품목허가의 효력을 명확히 하기 위함이다. 예를 들면, 단일성분제제인 등재 의약품의 안전성 · 유효성 자료를 근거로 복합성분제제에 대해 품목허가를 신청하여 허가를 취득한 경우, 단일 성분제제에 기초하여 취득한 우선판매품목허가의 효력이 복합제제에 미치지 않는다. 예를 들면, 등재 의약품의 유효성분이 A이고, 그에 근거하여 신청한 의약품의 유효성분이 A 및 B인 경우, 해당 의약품은 다른 자가 우선판매품목허가를 받았다고 하더라도 판매가 금지되지 않는다.

(3) 판매금지기간

우선판매품목허가의 존재를 이유로 식약처장이 다른 의약품에 대하여 판매금지조치를 취하는 경우, 판매금지기간은 최초로 우선판매품목허가를 받은 자의 판매가능일부터 9개월이 경과하는 날까지로 하고, 다만, 해당 의약품이 국민건강보험법 제41조제1항제2호에 따라 요양급여를 신청한 약제인 경우 2개월의 범위에서 연장할 수 있다(약사법 제50조의9 제2항). 판매가능일은 우선판매품목허가를 받은 날 또는 법 제50조의4 제1항 제2호에 따른 등재특허권의 존속기간 만료일 다음 날 중 늦은 날이 된다(의약품 등의 안전에 관한 규칙 제62조의9 제2항).

동일의약품에 대한 판매금지기간은 해당 의약품에 대해 가장 빠른 날의 우선판매품목허가를 받은 자가 우선판매품목허가를 받은 날과 특허관계확인서의 특허관계를 2번(등재특허권의 존속기간이 만료된 후에 의약품을 판매하기 위하여 품목허가 또는 변경허가를 신청한 경우)으로 표시한 특허권의 존속기간 만료일 중 늦은날(판매가능일)부터 최장 9개월이 경과하는 날까지로 한다. 9개월의 기간은 력으로 계산하며, 민법을 참고하여 정한다. 또한, 9개월의 기간이 경과하기 전에 우선판매품목허가의 이유가 된 특허의 존속기간이 만료되면 판매금지기간은 그 만료일까지로 된다. 판매금지기간은 식약처의 의약품 특허목록 인터넷 홈페이지에 게재된다.

(4) 우선판매품목허가의 효력의 당연 소멸사유

우선판매품목허가를 취득함으로써 다른 의약품의 판매를 금지할 수 있는 효력은 우선판매품목허가를 받은 의약품의 품목허가 또는 변경허가가 소멸한 날 또는 등재특허권이 존속기간 만료, 무효라는 취지의 심결 또는 판결의 확정(우선판매품목허가를 받은 자가 청구 또는 제기한 심판 또는 소송에 의한 것은 제외한다) 등으로 소멸한 날 중 가장 이른 날에 소멸한다(약사법 제50조의10 제1항). 이와 같은 사유가 발생하는 경우에는 특별한 절차를 거치지 아니하고 판매금지의 효력이 그 즉시 소멸하므로 우선판매품목허가를 받은 의약품과 동일 의약품의 판매가 가능하게 된다.

1) 우선판매품목허가를 받은 의약품의 품목허가 또는 변경허가가 소멸한 날

우선판매품목허가를 받은 의약품의 품목허가 또는 변경허가 자체가 허가취소 등의 이유로 소멸한 경우에는 우선판매품목허가에 다른 판매금지의 효력도 당연히 소멸된다. 우선판매품목허가는 독자적인 허가가 아닌 품목허가에 부수되는 부관이므로 품목허가 자체가 소멸된 후 독자적으로 존속할 수 없기 때문이다.

2) 등재특허권이 존속기간 만료, 무효라는 취지의 심결 또는 판결의 확정(우선판매품목허가를 받은 자가 청구 또는 제기한 심판 또는 소송에 의한 것은 제외한다) 등으로 소멸한 날

우선판매품목허가의 근거가 된 등재특허권이 존속기간 만료, 무효 확정 등으로 소멸되는 날에 동일의약품에 대한 판매금지 효력이 소멸됨을 의미한다. 이는 특허권이 무효심결 등에 의해서 소멸되는 경우, 누구나 이를 실시할 수 있어야 한다는 특허제도의 원리에 따른 것이다. 즉, 특허권에 대한 무효심결이 확정된 경우 누구나 그 특허발명을 실시할 수 있어야 함에도 불구하고 판매금지의 효력을 유지시키는 것은 특허권의 충실한 보호를 넘는 과도한 보호가 되기 때문에 판매금지의 효력을 소멸시키는 것이 타당하다. 다만 무효 확정이 우선판매품목허가를 받은 자가 청구한 심판 등에 의해 이루어진 경우 동일의약품에 대한 판매금지 효력은 소멸되지 않는데, 이는 특허를 무효로 한 자에게 주어지는 우선판매품목허가의 효력을 특허를 무효가 확정되었다는 이유로 박탈하는 것은 특허도전의 유인을 제공하는 우선판매품목허가 제도의 취지에 반하기 때문이다.

이와 관련하여, 등재 특허권에 대한 권리범위확인심판에서 승소함으로 인해서 우선판매품목허가를 취득하였고 아직 판매가능일이 도래하지 않은 경우, 제3자가 추후에 제기한 무효심판이 확정되었을 때 당해 우선판매품목허가의 효력이 소멸되는지가 문제될 수 있으나, 권리범위확인심판만을 청구하여 승소하여 우선판매품목허가를 취득하였다고 하여도 추후 제3자가 청구한 무효심판에 의하여 관련 등재 특허권에 대한 무효심결이 확정된 경우에는, 그 무효심결을 이끌어 낸 자 이외의 우선판매품목허가에 기초한 판매금지의 효력은 소멸된다고 보는 것이 법문상 타당하다.

(5) 직권에 의한 우선판매품목허가 효력의 소멸

식품의약품 안전처장은 제50조의8 제1항 제2호의 심결 또는 판결에 대하여 이를 취소 또는 파기하는 취지의 판결이 있은 경우, 우선판매품목허가 의약품을 판매가능일부터 2개월 이내에 정당한 사유 없이 판매하지 아니한 경우, 우선판매품목허가를 받은 자가 판매금지 또는 우선판매품목허가와 관련하여 「독점규제 및 공정거래에 관한 법률」 제3조의2 제1항, 제19조 제1항 또는 제23조 제1항을 위반하였다는 공정거래위원회의 의결 또는 법원의 판결이 있은 경우, 또는 거짓이나 그 밖의 부정한 방법으로 우선판매품목허가를 받은 경우에 해당하는 때에는 우선판매품목허가에 의한 판매금지의 효력을 소멸시켜야 하고, 이 경우 미리 우선판매품목허가를 받은 자의 의견을 들어야 한다(약사법 제50조의10 제2항).

약사법 제50조의10 제1항에서 규정하는 우선판매품목허가에 기초한 판매금지 효력의 소멸은 법령의 규정에 의하여 판매금지의 효력이 당연히 소멸하는 것이므로 특별한 절차가 필요하지 않은 반면, 약사법 제50조의10 제2항에서 규정하는 판매금지 효력의 소멸사유는 식약처장이 그 효력을 소멸시켜야 하며, 적법절차의 원칙에 따라서 우선판매품목허가를 받은 자의 의견을 미리 들어야 한다. 본 항에서 규정하는 판매금지 효력의 소멸사유는 다음과 같다.

1) 제50조의8 제1항 제2호의 심결 또는 판결에 대하여 이를 취소 또는 파기하는 취지의 판결(특허법 제178조에 따른 재심의 심결을 포함한다)**이 있은 경우**

우선판매품목허가의 이유가 된 무효 심결 등이 있은 후 상급심에서 그와 반대되는 취지의 판결이 있은 경우 동일의약품에 대한 판매금지의 효력이 소멸한다. 이는 특허심판원의 심결이 특허법원 등에 의하여 취소되는 때에는 더 이상 특허를 무효로 한다는 취지의 심결이나 허가를 받은 의약품이 등재 특허권의 권리범위에 속하지 않는다는 심결이 적법하지 않음을 의미하므로, 원심결에 기초한 우선판매품목허가의 효력을 소멸시키는 것이다. 다만, 우선판매품목허가를 취득하였으나 아직 판매가능일이 도래하지 않은 경우, 특허심판원의 무효심결이 특허법원에 의해서 취소된 후 대법원에서 다시 특허심판원의 무효심결을 지지한 경우(즉, 특허법원의 판결이 대법원에 의하여 취소된 경우)에는 우선판매품목허가에 기초한 판매금지의 효력이 소멸되지 않았다고 보는 것이 타당할 것[26]이다.

---

26) 식약처 발행의 '우선판매품목허가 지침서(2015.4)'에 따르면, 상급심 판결에 의해 동일의약품에 대한 판매금지 효력이 일단 소멸되면, 이후 다시 상반된 취지의 판결이 있다 하더라도 판매금지의 효력이 부활하지 않는다고

2) 우선판매품목허가 의약품을 판매가능일부터 2개월 이내에 정당한 사유 없이 판매하지 아니한 경우

정당한 사유는 국내 법령 등이 의약품 판매를 위해 반드시 필요하다고 규정하는 조건 등을 만족시키기 위해 시간이 소요되는 등 객관적으로 판매할 수 없는 사유를 의미하며, 담당자의 업무 과다, 업체의 판매계획 변경 · 자본 부족 등은 정당한 사유에 해당하지 아니한다. 정당한 사유를 인정받으려는 자는 식약처에 소명서 및 그 근거 자료를 제출하여야 한다. 이와 관련하여, 우선판매품목허가를 취득하고 약가결정고시가 완료되었으나, 법원의 가처분 결정에 의하여 판매가 중지된 경우 이를 정당한 사유라고 보아야 하는지의 문제가 있다. 예를 들면, 등재 특허권에 대해서 무효심판을 청구한 후 무효심결을 받아 우선판매품목허가를 취득하였음에도 불구하고 법원에서 당해 등재 특허권이 유효라는 전제하에 침해금지 가처분 결정을 내린 경우(즉, 특허심판원의 판단과 침해법원의 판단이 서로 상이한 경우) 현실적으로 판매가 불가능하게 된다. 이와 같은 경우 이를 정당한 사유로 보는 경우에는 판매금지의 효력이 소멸되지 않을 것이다. 그러나 가처분 결정에 의한 판매금지는 법령 등에 의해서 의약품 판매를 위해 반드시 필요하다고 규정하는 조건 등을 만족시키는 절차가 아니고, 나아가 이는 가처분 결정의 당사자에게만 효력이 미치는 것으로서 객관적인 판매금지 상태라고는 볼 수 없으므로 이를 정당한 사유로 보기는 어렵다는 견해도 있을 수 있다.

3) 우선판매품목허가를 받은 자가 판매금지 또는 우선판매품목허가와 관련하여 「독점규제 및 공정거래에 관한 법률」 제3조의2 제1항, 제19조 제1항 또는 제23조 제1항을 위반하였다는 공정거래위원

설명하고 있으나, 이는 판매금지의 효력이 이미 발생하였다가 소멸된 상황을 전제로 하여 설명하는 것으로 보인다.

회의 의결 또는 법원의 판결이 있은 경우

우선판매품목허가를 받은 자가 우선판매품목허가 획득 과정에서 「독점규제 및 공정거래에 관한 법률」을 위반하였다는 공정위의 의결이 있거나 법원의 판결이 있는 경우 동일의약품에 대한 판매금지 효력이 소멸한다.

4) **거짓이나 그 밖의 부정한 방법으로 우선판매품목허가를 받은 경우**

우선판매품목허가 신청 시 허위로 작성한 서류를 제출한 경우 등과 같이 부정한 방법으로 우선판매품목허가를 받은 경우 그 판매금지의 효력은 소멸된다.

6. 소멸사유의 정보제공

우선판매품목허가에 기한 판매금지효력의 소멸사유가 발생한 경우, 우선판매품목허가를 받은 의약품과 동일의약품의 품목허가 또는 변경허가를 신청한 자 등 이해관계인은 우선판매품목허가가 판매금지효력의 소멸사유에 해당한다는 취지의 정보를 식약처장에게 제공할 수 있다(약사법 제50조의10 제3항). 우선판매품목허가를 받은 의약품과 동일의약품의 품목허가 등을 신청한 자는 판매금지의 효력을 직접적으로 받는 이해관계인이므로 판매금지효력의 소멸사유가 발생하였을 때 이를 식약처장에게 알릴 수 있고, 식약처장은 이와 같은 정보가 타당한지를 살핀 후 판매금지의 효력을 소멸시킬 수 있다. 이해관계인은 식약처장(의약품허가특허관리과)에게 우편, 대표 전자 메일 등을 통해 우선판매품목허가 의약품명, 관련 특허번호, 소멸 사유 및 그 근거 자료, 상세 설명 자료 등을 제공할 수 있다.

7. 소멸사유의 보고의무

우선판매품목허가를 받은 자는 약사법 제50조의10 제1항 제2호 또는 제2항 각 호의 사유가 있는 경우 이를 지체 없이 식약처장에게 알려야 한다. 식약처장은 약사법 제50조의10에 따라 판매금지의 효력이 소멸된 경우 또는 같은 조 제2항에 따라 판매금지의 효력을 소멸시키는 경우 우선판매품목허가를 받은 자와 그로 인하여 판매금지된 의약품의 품목허가 또는 변경허가를 받은 자에게 판매금지의 효력이 소멸된 사실 및 소멸된 날을 알려야 한다. 예를 들어, 우선판매품목허가를 받은 자는 상반되는 상급심 판결 등이 존재하는 경우 등 동일의약품에 대한 판매금지 효력의 소멸 사유가 발생하면 즉시 그 사실을 식약처장에게 알리고, 근거 서류를 입수하는 대로 식약처장에게 제출하여야 한다. 식약처장은 동일의약품에 대한 판매금지 효력이 소멸된 경우 이를 의약품특허목록 인터넷 홈페이지에 공개하고, 우선판매품목허가를 받은 자에게 그 사실 및 소멸된 날을 알려야 한다.

제6절 영향평가

1. 영향평가의 개요

허가특허연계제도의 도입에 대해 국내 학계 및 산업계 등에서 찬반논란이 적지 않았다는 점 등을 고려하여 약사법 제50조의11 이하에서는 판매금지 및 우선판매제도 등이 국내 제약산업 및 보건정책 등에 미치는 영향을 분석, 평가하여 정책수립에 반영하고, 나아가 중소규모 제약회사의 업무를 지원하는 등 제도 도입으로 인한 부작용 발생 가능성을 최소화하기 위하여 식약처장이 영향평가 및 등재의약품의 관리 등을 수행하도록 규정하고 있다.

2. 영향평가의 내용

식약처장은 판매금지 및 우선판매품목허가 등이 국내 제약산업, 보건정책, 고용 증감 등에 미치는 영향을 분석·평가하여야 하며, 이를 위해서, 관계 행정기관, 교육·연구기관 등에 필요한 자료를 요청할 수 있으며, 자료 요청을 받은 관계 행정기관의 장, 교육·연구기관의 장 등은 정당한 사유가 없으면 이에 따라야 한다. 영향평가를 행함에 있어서는 해외 사례를 분석하여야 하며, 영향평가 결과는 공개하고 국회에 보고하여야 한다. 이에 따라서, 식약처에서는 매년 의약품허가특허연계제도 영향평가를 실시하고 있으며, 그 결과물을 공개하고 있다.

제7절 합의사항의 보고

1. 개 요

미국 허가특허연계제도의 운영에 있어서 역지불합의[27] 등의 부작용이 발생하였음은 잘 알려진 사실이다. 역지불합의는 오리지널

27) 통상은 특허발명을 실시하는 자가 특허권자에게 대가를 지불하는 것이 일반적이다. 역지불합의란 통상의 경우와 반대로 특허권자가 특허발명을 실시하고자 하는 자에게 대가를 지불하는 것을 조건으로 이루어지는 합의를 의미한다. 광의의 의미의 역지불합의는 다양한 분야에서 다양한 형태로 나타날 수 있지만, 역지불합의는 주로 "특허권자가 제네릭 의약품 개발자(특허를 실시하고자 하는 자)에게 시장에 진입하지 않거나 진입을 연기하는 것을 조건으로 일정한 대가를 지불하기로 하는 합의"를 의미하는 것으로 이해된다.

의약품 제조업자가 출시 지연의 대가로 제너릭 의약품 제조업자에게 대가를 지급하는 행위를 지칭하는데, 허가특허연계제도는 오리지널 의약품 제조업자의 특허권을 보호하는 측면과 함께 부실한 특허를 정리하거나 또는 정당한 회피설계를 통해서 신속한 제네릭 의약품의 출시를 독려하는 양면의 목적을 가지고 있다는 점에서 오리지널 의약품 제조업자와 제네릭 의약품 제조업자 사이의 부당한 합의가 발생하지 않도록 규제할 필요가 있다. 특히 몇몇 대형 제약사를 제외하면, 한국 제약사 대부분이 제네릭 의약품 제조 및 판매를 주된 업으로 하고 있다는 현실 및 동일 품목에 대하여 수십 종의 제네릭 의약품이 출시되어 의약품 시장에서의 혼탁한 마케팅·영업방식이 종종 발생하고 있다는 현실을 고려했을 때, 오리지널 의약품 제조사와 제네릭 의약품 제조사 사이의 부당한 합의가 발생할 우려를 사전에 불식시킴으로써 허가특허연계제도의 안정적인 운영을 꾀할 필요가 있다. 허가특허연계제도하에서 오리지널 의약품 제조사와 제네릭 의약품 제조사 사이에 담합할 수 있는 소지가 있는 부분은 판매금지 및 우선판매품목허가이다. 구체적으로, 동일한 품목에 대하여 복수의 제네릭 의약품의 허가신청이 있을 때, 오리지널 의약품 제조사가 특정 품목에 대해서만 판매금지 신청을 하지 않는다[28]거나, 또는 우선판매품목허가를 취득한 제약사가 고의로 제네릭 의약품을 발매하지 않음으로써 오리지널 의약품의 독점기간을 실질적으로 연장하는 것[29] 등이다. 이와 같은 행위는 제약산업 분야의 정당한 경쟁을 제한함으로써 약가인하를 막거나 또는 부당한 독점기간을 연장하는 것으로서 불공정거래행위에 해당한다. 이에 약사법 제69조의3에서는 오리지널 제약사와 제

28) 이는 약사법 제50조의6 제1항 제5호에 의하여 소극적으로 금지되고 있는 행위이다.

29) 우선판매품목허가 판매금지 효력의 소멸사유에 해당한다.

네릭 제약사 사이에 소정의 합의가 있는 경우 이를 식약처장 및 공정거래위회에 보고하도록 규정하였다. 본 규정은 초기 미국 해치왁스만법 하에서 발생한 특허권자와 퍼스트 제네릭업체 간의 역지불합의 등의 담합 행위를 방지하기 위하여, 미국의 2003년 의료선진화법(이하, 'MMA')[30]에서 특허권자 또는 신약 허가를 받은 자와 제네릭 제약사 간의 특정한 유형의 합의가 있을 경우, 이를 미국 공정거래위원회(FTC) 및 법무부(DOJ)에 신고할 것을 의무화한 규정[31]과 유사한 규정이다.

2. 보고내용

식약처장 및 공정거래위원회에 보고해야 하는 사항은 다음과 같다.

(1) 등재의약품의 품목허가 또는 변경허가를 받은 자 또는 등재특허권자 등과 통지의약품에 대한 품목허가 또는 변경허가 신청을 한 자 간의 해당 의약품의 제조 또는 판매에 관한 합의

오리지널 의약품 제조사 측(오리지널 의약품의 허가를 받은 자 또는 등재 특허권자)과 제네릭 의약품 허가신청을 한 자 사이에 통지의약품의 제조 또는 판매에 대한 합의가 있는 경우 이를 식약처장 및 공정거래위원회에 보고하여야 한다. 본 규정에서는, 해당 의약품(즉, 통지 의약품)의 제조 또는 판매에 관한 합의라고만 규정되어 있으므로, 판매금지 또는 우선판매품목허가와 관계없는 단순 합의에도 적용된다. 다만, 통지의무가 면제되는 위임제네릭의 경우, 통지 의약품이라고 볼 수 없으므로, 위임제네릭에 관한 합의는 제외된다고

30) Medicare Prescription Drug, Improvement, and Modernization Act of 2003.

31) Medicare Modernization Act, Pub. L. No. 108-173, 117 Stat. 2066, § 1112 (effective Dec. 8, 2003) (codified at 21 U.S.C. § 355 nt. (2006)).

보아야 할 것이다.

(2) 등재의약품의 품목허가 또는 변경허가를 받은 자 또는 등재특허권자 등과 통지의약품에 대한 품목허가 또는 변경허가 신청을 한 자 간의 우선판매품목허가의 취득 또는 그 소멸에 관한 합의

오리지널 의약품 제조사 측(오리지널 의약품의 허가를 받은 자 또는 등재 특허권자)과 제네릭 의약품 허가신청을 한 자 사이에 우선판매품목허가의 취득 또는 그 소멸에 관한 합의가 있는 경우, 이를 식약처장 및 공정거래위원회에 보고하여야 한다. 우선판매품목허가의 취득 또는 그 소멸에 관한 합의는, 필연적으로 특허심판의 결론과 관련이 있다. 따라서 무효심판 또는 권리범위확인심판을 진행하다가 합의에 의하여 취하하는 경우 실질적으로 우선판매품목허가의 취득이나 소멸을 그 합의대상으로 하지 않았다 하여도 우선판매품목허가의 취득에 미치는 영향을 고려하여 보고사항인지의 여부를 살펴야 할 필요가 있다. 특히 허가특허연계제도가 도입된 이후, 실무상 특허심판이 취하되는 경우 공정거래위원회의 조사를 받는 경우가 많으므로 이에 대한 면밀한 검토가 요구된다.

(3) 통지의약품에 대한 품목허가 또는 변경허가 신청을 한 자 간의 우선판매품목허가의 취득 또는 그 소멸에 관한 합의

본 합의사항은 제네릭 제조사 간의 합의에 관한 것이다. 미국 MMA에서는 특허권자 또는 신약 허가를 받은 자와 제네릭 제약사 간의 합의만을 보고대상으로 하고 있을 뿐, 제네릭 제조사 간의 합의는 보고대상으로 하고 있지 않다. 이는 한국의 허가특허연계제도에서는 우선판매품목허가를 취득하기 위한 요건을 충족하기가 그다지 어렵지 않다는 점 및 대다수의 제약업체가 제네릭 제조사라는 점을 고려하여 도입한 것으로서, 국내 제약업체 사이의 담합을 방지하기 위한 사전적 조치이다.

제8절 기타 제도

1. 등재의약품의 관리

식약처장은 의약품특허권과 관련하여 등재의약품의 시장동향 및 가격정보 수집, 중소기업의 특허목록 등재, 우선판매품목허가 등과 관련한 업무 지원, 의약품특허권과 관련하여 제약업체 역량을 강화하기 위한 교육, 등재의약품과 관련한 특허정보 분석 및 제공, 해외사례 및 정책 연구, 통계의 산출 및 분석 등의 사업을 수행하고, 이 사업은 다른 기관에 위탁할 수 있다. 식약처장은 위 사업을 수행하기 위하여 필요하다고 인정하는 경우에는 국가 또는 지방자치단체 및 공공기관 또는 공공단체에 의약품특허권 등에 관한 자료의 제공을 요청할 수 있고, 요청을 받은 기관은 정당한 사유가 없으면 이에 따라야 한다.

2. 관계기관에의 통보

식약처장은 보건복지부장관, 공정거래위원회 위원장, 특허청장에게 판매금지처분 및 그 효력의 소멸, 우선판매품목허가 및 동일의약품에 대한 판매금지 효력의 소멸, 이와 관련된 특허 심판 또는 소송의 개시 및 종결에 대하여 통보하여야 한다(약사법 제69조의2). 허가특허연계제도는 약가신청, 특허권남용 등과 관련하여 보건복지부 또는 공정거래위원회의 업무와 밀접한 관련이 있고, 나아가 특허권의 소멸 및 권리내용 변경, 특허심판에 의하여 영향을 받으므로, 관계기관과의 긴밀한 협조가 필요함을 고려하여, 관련 업무를 담당하는 정부기관이 신속하게 정보를 통지받을 수 있는 근거 규정을 마련하였다.

제4장

허가특허연계제도하에서의 특허심판의 특수성

허가특허연계제도와 관련된 특허심판은 특허법 제133조에 따른 특허의 무효심판, 특허법 제134조에 따른 특허권 존속기간 연장등록의 무효심판 또는 특허법 제135조에 따른 권리범위 확인심판이다. 이들 특허심판은 우선판매품목허가의 취득 및 판매금지신청의 거부사유의 기초가 되는 심판으로서 특허의 유무효 또는 허가신청한 의약품이 등재 특허권의 권리범위에 속하는지의 여부를 판단한다. 이하에서는 특허심판에 관한 기본적인 설명 이외에 이들 특허심판에 기초하여 우선판매품목허가를 취득하거나 판매금지조치를 소멸시키는 것과 관련한 허가특허연계제도 특유의 문제를 중심으로 설명한다. 무효심판의 경우, 무효심판 과정에서 종종 수반되는 정정청구로 인하여 특허청구항의 내용이 변경되었을 때 이에 따른 등재 특허권의 적격이 상실되는 경우의 취급에 대해서 실무적으로 명확한 가이드라인이 없는 상태이며, 권리범위확인심판의 경우 확인대상발명설명서의 기재와 허가 신청한 의약품의 동일성 판단에 관하여서는 계속된 논란이 있다.

제1절 특허무효심판과 허가특허연계제도

1. 특허무효심판의 개요

특허무효심판이란 일단 유효하게 성립된 특허권이 특허법에서 규정하는 일정한 무효사유에 해당하는 것을 이유로 이해관계인 또는 심사관의 청구에 의한 심판절차에 의해 그 특허권의 효력을 소급적으로 소멸시키는 것을 말한다. 특허권은 엄격한 심사를 거쳐 특허요건을 모두 갖춘 발명에 대해서만 설정등록되는 것이지만 심사단계에서 하자를 발견하지 못하거나 특허권이 설정등록된 후 새로운 사유로 인해 하자가 있는 부실권리가 존재할 수 있다. 이러한 특허권을 그대로 유지시킬 경우 특허권자를 부당하게 보호하게 되고 산업발달에 지장을 초래할 수 있으므로 특허무효심판제도를 마련한 것이다.

특허법에서는 무효사유를 아래와 같이 제한적으로 열거하고 있다. 따라서 특허법에서 규정하는 이유 이외의 다른 이유에 의하여서는 특허를 무효로 할 수 없다.

특허법에서 규정하는 무효사유는, 특허법 제25조(권리의 향유능력이 없는 외국인에게 허여된 경우), 제29조(특허요건을 갖추지 못한 발명인 경우), 제32조(공서양속이나 공중위생을 해할 염려가 있는 경우), 제36조 제1항 내지 제3항(동일한 특허나 실용신안이 먼저 출원된 경우나, 같은 날에 출원되어 협의에 의하지 않고 특허권이 설정된 경우), 제42조 제3항 및 제4항(발명의 상세한 설명과 청구범위가 기재불비인 경우), 제44조(특허를 받을 수 있는 권리가 공유인 때, 공유자 전원이 공동으로 특허출원하지 않은 경우)에 위반된 경우, 무권리자에게 특허권이 허여된 경우, 조약에 위반되어 특허권이 허여된 경우, 특허된 후 그 특허권자가 권리의 향유능력이 없는 외국인이 되거나 그 특허가 조약에 위반된 경우, 최초 출원 명세서 또는 도면에 기재된 사항의 범위 안에서 보정이 되지 않은 경우, 이중출원으로 실용신안권이 포기되지 않은 경우 등을 들 수 있다. 특허무효심결이 확정되면 특허권 발생 이후에 생긴 후발적 무효사유(특허법 제133조 제1항 제4호)에 의하여 특허가 무효로 된 경우를 제외하고는 그 특허권은 처음부터 없었던 것으로 간주되는 소급 효과가 발생한다(특허법 제133조 제3항). 무효심판청구서가 특허심판원에 접수되면, 특허심판원은 청구서상의 기재사항 기재여부 및 납부여부에 대한 방식상의 심사를 진행하며, 심판장은 심판청구서의 부본을 특허권자에게 송달하고 기간을 정하여 답변서 제출의 기회를 부여하고, 무효심판청구인과 특허권자 상호 간의 서면반박 및 구술심리 등의 절차를 통해 무효심판청구 이유의 본안에 대한 심리를 진행한다. 무효심판청구가 이유 없는 때에는 심판청구를 기각하며, 심판청구 이유가 타당한 경우에는 인용하는 심결로서 무효심결을 하게 된다.

2. 허가특허연계제도에 있어서의 무효심판의 의의

허가특허연계제도하에서 무효심판과 연계되는 내용은, 특허권 등재의 요건(약사법 제50조의2 제4항), 특허관계확인서의 기재내용(의약품 등의 안전에 관한 규칙 제62조의4 제2항), 판매금지신청 기간 내 품목허가가 가능한 경우(약사법 제50조의5 제4항), 판매금지소멸사유(약사법 제50조의6 제3항), 우선판매품목허가 취득요건(약사법 제50조의7 제2항), 우선판매품목허가 소멸사유(약사법 제50조의10 제1항) 등이다.

특허무효심판은 등록된 특허의 효력을 소급하여 소멸케 하는 것으로서, 무효심결이 확정된 특허는 처음부터 등록되지 않은 것으로 본다. 따라서 등록이 유효하다는 것을 전제로 하여 의약품 특허권의 효력을 의약품 허가심사과정으로 확장하는 허가특허연계제도에 있어서, 특허권이 소급하여 소멸하는 경우 해당 의약품 특허권의 존재를 기초로 하여 발동되는 특허권 등재, 판매금지, 우선판매품목허가의 취득의 효력을 소멸케 하는 것은 당연한 것이다. 다만, 허가특허연계제도는 등재 의약품의 안전성·유효성 자료에 의존한 의약품의 품목허가신청이 있을 때, 해당 품목허가신청에 대한 심사 및 허가과정에서 발생하는 제반 상황을 특허권의 존재와 연계시키는 수단을 규정한 것인데, 의약품 허가신청에 대한 심사 및 허가기간이 대부분 1년 이내라는 점을 고려했을 때, 무효심판심결이 특허법원 및 대법원에서 확정될 때까지 기다려 허가심사과정에 연계시키는 것은 현실적이지 않다. 따라서 특허심판원의 심결이 나오는 경우, 이에 기초하여 판매금지의 효력을 소멸시키거나 또는 우선판매품목허가의 부여여부를 일단 결정한 후, 추후 심결취소소송이나 대법원의 판결에 의해서 특허심판원의 심결이 취소된 경우에는 이를 다시 원상으로 회복시키는 형식을 취하고 있다. 다만, 등재요건 심사(약사법 제50조의2 제4항)와 우선판매품목허가의 소멸사유 중 일부(약사법 제50조의10 제1항 제2호)에 대해서는 무효심결의 최종 확정여부를 요건으로 함으로써 특허심판원에서 무효심결이 나왔다는 이유만으로 특허권자의 권리를 지나치게 침해하는 것을 방지한다.

3. 허가특허연계제도의 운영에 있어서 무효심판과 관련된 제 문제

허가특허연계제도는 의약품특허목록에 특허가 등재되어 있고, 해당 특허권이 유효하다는 것을 출발점으로 한다. 따라서 등재 특허권이 유효하지 않은 것으로 밝혀진 경우, 등재 특허권으로서의 적격이 없으므로 이를 등재 리스트로부터 삭제해야 하며, 삭제되지 않은 경우에도 무효로 판명된 특허에 기초한 판매금지신청을 거부해야 함은 당연하다. 반대로 특허를 무효로 한 자에게는, 우선판매품목허가 등의 인센티브를 줌으로써 제네릭 의약품의 조속한 출시라는 입법 목적을 달성하고, 나아가 무효심판 심결이 확정되기까지는 장기간이 소요된다는 점을 고려하여, 특허심판원의 심결에 따라 판매금지 여부 및 우선판매품목허가 부여 여부를 결정토록 함으로써 제도의 실효성을 꾀하는 것이다. 한편, 특허법원 또는 대법원에서 특허심판원의 심결과 다른 판단을 내렸을 때 특허권자와 품목허가신청자 양측의 이익을 형평성 있게 조절해야 함과 동시에, 특허가 무효로 된 경우 누구든지 그 특허발명을 자유롭게 실시할 수 있어야 한다는 특허제도의 기본속성을 훼손하지 않도록 제도를 운영해야 할 필요가 있다. 이와 관련하여, 특허무효심판 과정에서 행해지는 정정청구에 의해서 특허가 무효로 되지는 않았으나 조속한 제네릭 의약품 출시가 가능하게 되었을 때의 취급과 무효심결이 확정되었을 때 권리범위확인심판에서의 승소심결로 인하여 우선판매품목허가를 취득한 자의 우선판매품목허가의 효력이 소멸되는지가 문제된다.

(1) 정정청구로 인하여 등재특허권의 특허청구범위가 변경되었을 때의 문제

1) 정정청구로 인하여 허가신청한 의약품이 등재특허권의 권리범위에 속하지 않게 되었을 때의 취급문제

등재특허권의 등록 당시 특허청구범위가 「A+B+C를 포함하는 조성물」인 경우, 「A+B+C+D를 포함하는 조성물」에 대해서 품목허가신청을 하고자 하는 제네릭 사(社)의 경우, 특허회피가 되지 않으므로 무효심판을 통한 특허도전을 할 수밖에 없다. 무효심판에서 인용심결이 내려지는 경우 판매금지조치로부터 회피할 수 있고 우선판매품목허가를 취득할 수 있을 것이다. 그런데 무효심판의 진행과정에서 등재 특허권자가 특허무효를 피하기 위하여 특허청구범위를 「A+B+C+E를 포함하는 조성물」로 한정하고, 이와 같이 특허청구범위가 한정되는 바람에 무효심판청구가 기각되었을 경우 무효심판을 청구한 제네릭 사는 비록 무효심판에서는 패소하였으나, 정작 자신이 품목허가를 신청한 의약품은 등재 특허권의 권리범위에서 벗어나게 된다.[1] 이 경우 무효심판에 도전한 자는 형식적으로는 무효심판에서 기각심결을 받아 패소하였으나, 실질적으로는 무효심판을 통하여 등재 특허권의 권리범위를 축소시킴으로써 자신이 허가신청한 의약품이 등재 의약품의 권리범위에 속하지 않게 된 결과, 제네릭 의약품의 조속한 출시에 기여하였다고 볼 수 있는데, 정작 권리범위확인심판을 진행하지 않았으므로[2] 우선판

1) 「A+B+C+D」와 「A+B+C+E」 사이에는 균등관계가 없는 것으로 가정한다.

매품목허가권을 취득할 수 없고, 심지어 타사가 우선판매품목허가를 취득하는 경우 9개월간 판매가 지연되게 된다. 즉, 무효심판을 통하여 등재특허권의 권리범위를 감축시킴으로써 조속한 제네릭 의약품 출시에 기여한 경우의 취급에 대해서 현행 허가특허연계제도하에서 구제받을 현실적 수단은 존재하지 않는다.

이는 무효심판과 관련한 우선판매품목허가 취득요건 및 판매금지 소멸사유를 무효심판에서의 인용심결 또는 기각심결로만 나누어 규정하였기 때문에 나타나는 것으로서, 무효심판과정에서 통상적으로 행해지는 정정청구에 의한 영향을 고려하지 못하였기 때문에 발생하는 현상이다. 현행 약사법에서는 이와 같은 경우, 무효심판청구인이 또다시 권리범위확인심판을 제기하여 권리범위에 속하지 아니한다는 심결을 받지 않는 한 우선판매품목허가를 취득하거나 판매금지를 소멸시킬 수 없는데, 그사이 제3자의 심판청구가 있는 경우 우선판매품목허가의 취득은 불가하다. 따라서 무효심판 중의 정정청구가 있는 경우에, 무효심판을 청구한 자가 제기하는 권리범위확인심판에 대해서는 최초 심판청구인의 적격을 인정하는 방향으로 약사법을 개정하는 것을 고려할 수 있을 것이다.

2) 정정청구에 의해서 등재 특허권의 직접 관련성이 소멸된 경우의 취급

무효심판 중의 정정청구에 의하여 특허청구범위가 감축됨으로써 등재 특허권과 등재 의약품 사이에 직접 관련성이 소멸되었지만, 특허청구범위의 감축으로 인하여 특허성이 인정된 결과 무효심판청구가 기각될 수 있다. 이 경우 정정청구가 확정되는 경우에는, 별도의 절차를 거쳐 등재의약품은 리스트에서 삭제되어야 할 것이고, 따라서 등재 특허권은 더 이상 허가를 받은 의약품에 관한 특허

2) 실질적으로 정정청구가 확정되기 전까지는 권리범위확인심판을 청구하여도 승소하리라고는 볼 수 없을 것이다.

권이라고 인정될 수 없다. 그런데 무효심판청구는 기각되었으므로, 무효심판을 청구한 자는 등재 특허권의 권리범위를 감축시킴으로써 제네릭 의약품 출시를 막는 특허권의 존재를 무력화시켰음에도 불구하고 우선판매품목허가를 취득할 수 없다는 문제가 있다. 이는 실질적으로는 등재 특허권을 무효로 했을 때와 동일한 효과를 거두어 조속한 제네릭 의약품 출시라는 법 목적을 달성하였음에도 불구하고 우선판매품목허가라는 반대 급부를 얻지 못하게 되는 것이다. 이 또한 무효심판과 관련한 우선판매품목허가 취득요건을 인용심결 또는 기각심결로만 나누어 규정하였기 때문에 나타나는 것으로서, 무효심판과정에서 통상적으로 행해지는 정정청구에 의한 영향을 고려하지 못하였기 때문에 발생하는 현상이다. 따라서 무효심판에서의 정정청구로 인하여 등재 특허권이 허가를 받은 의약품과 직접 관련성이 소멸하여 의약품특허목록에서 삭제된 경우를 우선판매품목허가의 취득요건으로 추가하는 것을 고려할 수 있다.

(2) 무효심결에 의하여 등재특허권의 무효가 확정된 경우, 권리범위확인심판에 기초하여 취득한 우선판매품목허가가 소멸되는지의 여부

약사법 제50조의10 제1항 제2호에서는 무효라는 취지의 심결 또는 판결의 확정을 우선판매품목허가에 의한 동일의약품 등에 대한 판매금지 효력의 소멸 사유로 들면서, 다만, 우선판매품목허가를 받은 자가 청구 또는 제기한 심판 또는 소송에 의한 것은 제외한다고 규정한다.

이와 관련하여, A가 등재특허권에 대한 소극적 권리범위확인심판을 제기하여 승소하여 우선판매품목허가를 취득하였고, 아직 우선판매기간이 도래하지 않은 경우에 있어서, 제3자가 당해 등재 특허권에 대하여 무효심판을 청구하여 무효심결을 얻은 후 그 심결이 확정되었을 때, A사가 취득한 우선판매품목허가가 소멸되는지가 문제된다. 이와 같은 상황은, 등재 의약품의 PMS기간 및 물질특허의 존속기간이 상당기간 남아 있는 상태에서 조성물 특허 또는 제제특허에 대하여 조속한 특허도전을 통하여 우선판매품목허가를 취득하고자 하는 국내 제약사들의 현황을 고려할 때 종종 발생할 수 있다. 즉, 경쟁사보다 신속하게 회피설계에 성공하여 조성물 또는 제제 등에 관한 등재 특허권에 대하여 소극적 권리범위확인심판을 청구하여 승소함으로써 우선판매품목허가를 취득해 둔 상태에서 물질특허의 존속기간 만료 등을 기다리고 있는 와중에, 제3자가 추후 무효심판을 청구하여 우선판매기간이 개시되기 전 등재 특허권에 대한 무효심결을 확정시켜 버린 경우, 소극적 권리범위확인심판을 청구하여 우선판매품목허가를 취득한 자의 우선판매품목허가는 소멸되는지의 여부이다.

이에 관하여 법문상 무효라는 취지의 심결 또는 판결이 확정된 때에는 우선판매품목허가가 소멸되게 되어 있으며, 그 유일한 예외로서 그 무효심결이 우선판매품목허가를 취득한 자에 의한 심판청구에 기인한 때만을 들고 있다는 점과 예외조항의 해석을 엄격하게 해야 한다는 점을 고려하면 권리범위확인심판의 심결에 기초하여 부여된 우선판매품목허가는 소멸되는 것으로 보는 것이 타당할 것으로 생각된다.

(3) 최초 심판청구서에 무효이유가 충분히 기재되어 있지 않은 경우의 취급

우선판매품목허가 신청을 하는 때에는 무효심판청구서를 첨부해야 하며, 무효심판청구서에 청구이유가 구체적으로 기재되어 있지 않은 경우 식약처는 적격한 서류가 제출되지 않은 것으로 판단할 수 있다.[3] 이는 제대로 된 특허조사나 검토가 이루어지지 않은

3) 식약처, 우선판매품목허가 지침서, 2015, 8쪽.

상태에서 형식적으로 무효심판만을 우선 청구하거나 남들이 청구한 무효심판청구일로부터 14일 이내에 따라 청구한 후, 추후 다른 무효심판과의 병합 등에 의하여 무임승차 방식의 인용심결을 얻음으로써 손쉽게 우선판매품목허가를 취득하는 것을 방지하고자 한 것이다. 그러나 이는 약사법이나 관련 시행령이나 시행규칙에서 규정되지 않은 사항이라는 점, 심판청구 시에 주장했던 심판청구이유는 심판이 진행됨에 따라서 변경될 수 있다는 점 등을 고려할 때 이를 이유로 우선판매품목허가신청을 거절하는 것이 타당한지에 대해서는 보다 신중하고 추가적인 검토가 필요한 것으로 생각된다.

제2절 권리범위확인심판과 허가특허연계제도

1. 권리범위확인심판의 개요

권리범위확인심판이란 특허권자, 전용실시권자 또는 이해관계인이 특허발명의 보호범위를 확인하기 위하여 청구하는 심판을 말한다. 특허권은 기술적 사상에 관한 것이어서 일반 유체재산권과 달리 그 권리의 보호범위를 명확하게 정의하기가 극히 어렵고, 따라서 특허권에 관한 분쟁이 발생한 경우 양 당사자는 특허발명의 보호범위를 합리적으로 해석하기보다는 자기에게 유리하게 해석하려는 경향이 있다. 권리범위확인심판은 특허권에 관한 분쟁이 발생하였을 경우, 기술전문가로 구성된 공신력 있는 국가기관이 특허권의 보호범위를 객관적으로 공정하게 해석함으로써 소송절차에 앞서 당사자 간의 분쟁을 신속히 해결하고 침해소송에서 법원에 판단기준을 제공하는 데 그 취지가 있다. 확정된 권리범위확인심판의 결과가 민사재판을 담당하는 법원을 기속한다고 볼 수는 없지만,[4] 이미 확정된 관련 민사사건에서 인정된 사실은 특별한 사정이 없는 한 유력한 증거가 된다 할 것이므로 합리적인 이유 설시 없이 이를 배척할 수 없고, 특히 전후 두 개의 민사소송의 당사자가 같고 분쟁의 기초가 된 사실도 같은 경우에는 더욱 그러하다.[5] 따라서 분쟁의 기초가 실질적으로 동일한 권리범위확인심판의 심결은 특별한 이유가 없는 한 특허권 침해금지청구소송에서 특허분쟁의 해결수단으로서 기능한다고 할 수 있다.

권리범위 확인심판은 심판청구의 방식에 따라 제3자가 실시하는 기술이 자신의 권리범위에 속한다는 심결을 구하는 적극적 권리범위확인심판과 자신이 실시하고 있거나 실시하고자 하는 기술이 특허발명의 권리범위에 속하지 않는다는 심결을 구하는 소극적 권리범위확인심판이 있다.

적극적 권리범위확인심판은 "확인대상발명은 특허 제○○○호의 권리범위에 속한다"라는 심결을 구하는 형식으로 청구된다. 한편 소극적 권리범위확인심판은 "확인대상발명은 특허 제○○○호의 권리범위에 속하지 아니한다"라는 심결을 구하는 형식으로 청구된다.

권리범위확인심판은 현존하는 특허권의 범위를 확정하는 것을 목적으로 하는 것이므로 소멸된 권리에 대한 권리범위확인심판은 부적법하다.[6]

2. 허가특허연계제도에 있어서의 권리범위확인심판의 의의

허가특허연계제도하에서 권리범위확인심판과 연계되는 내용은, 판매금지신청을 하기 위한 요건(약사법 제50조의5 제2항), 판매금지

4) 대법원 2008.6.26. 선고 2006다29235 판결 참조.
5) 대법원 2001.8.24. 선고 2000다15661 판결 참조.
6) 대법원 1996.9.10. 선고 94후2223 참조.

신청기간 동안 품목허가를 허여할 수 있는 예외요건(약사법 제50조의5 제4항), 판매금지의 효력의 소멸요건(약사법 제50조의6 제3항), 우선판매품목허가의 취득요건(약사법 제50조의7 제2항, 약사법 제50조의8 제1항) 등이다. 이 중, 판매금지신청을 하기 위한 요건은 특허권자가 청구하는 적극적 권리범위확인심판과 제네릭 의약품의 허가신청인이 청구하는 소극적 권리범위확인심판 모두가 포함되고, 나머지 판매금지 효력의 소멸요건 또는 우선판매품목허가의 취득요건에 관해서는 소극적 권리범위확인심판만이 그 대상이 된다.

약사법은 허가특허연계제도에서 권리범위확인심판을 제네릭 의약품의 허가를 신청한 의약품이 등재 특허권의 권리범위에 속하는지의 여부를 판단하는 유일한 수단으로 규정하고 있다. 이에 반해, 특허법상으로는 허가를 신청한 의약품이 등재 특허권을 침해하는지의 여부는, 특허심판원에서 행해지는 권리범위확인심판 이외에도, 특허권금해금지청구소송 및 가처분 등의 보전처분, 나아가 특허권침해로 인한 손해배상청구소송이나 특허침해금지청구권 부존재 확인의 소 등을 통해서도 법원의 판단을 받을 수 있다. 이에 허가를 신청한 의약품이 등재 특허권을 침해하는지의 여부에 대하여 이를 권리범위확인심판의 심결만을 기준으로 한 것에 대한 의문이 제기될 수 있으나, 권리범위 확인심판의 경우, 특허청구항별로 청구할 수 있으므로 의약품 특허목록상의 등재 청구항과 일대일로 대응시킬 수 있다는 점, 특허권침해금지청구소송이나 손해배상청구소송의 경우 단순히 특허침해의 여부만 따지는 것이 아닌 복잡하고 다양한 쟁점으로 이루어져 있으며 주문으로부터 각 특허청구항에 대한 개별적인 특허침해여부를 알기 어렵고 이에 따라 허가신청한 의약품과 등재 청구항과의 관계를 명확히 확정하기 어렵다는 점, 나아가 제약업계에서 수십 년간 권리범위확인심판을 특허침해소송의 대안으로 사용해 왔으며 각 당사자들이 그 결론에 수긍하는 업계질서가 형성되어 있다는 점에서 허가특허연계제도에서 허가를 신청한 의약품과 등재 특허권과의 침해여부를 권리범위확인심판만으로 한정한 것은 매우 타당한 것으로 보인다.

3. 허가특허연계제도의 운영에 있어서 권리범위확인심판과 관련된 제 문제

허가특허연계제도의 운용과 관련하여, 권리범위확인심판의 기능은 허가를 신청한 의약품, 즉 제네릭 의약품이 등재 특허권의 권리범위에 속하는지의 여부를 확인하는 것이다. 한편 권리범위확인심판은 특허발명과 대비하는 구체적인 실시태양을 확인대상발명설명서를 통해서 특정하도록 되어 있고, 소극적 권리범위확인심판에서의 확인대상발명설명서는 그 요지를 변경할 수 없다(특허법 제140조 제2항). 확인대상발명설명서는 심판청구서에 첨부되어야 하는 필수서류이므로, 결국, 판매금지 효력의 소멸 또는 우선판매품목허가 취득을 원하는 제네릭 제약사는 권리범위확인심판을 청구할 때 허가를 신청한 의약품을 확인대상발명설명서에 기재해야 하며 이에 대한 추후 변경은 매우 엄격하게 제한되는 것이다. 나아가 소극적 권리범위확인심판에서 인용심결을 받은 경우에도, 확인대상발명설명서에 표현된 허가를 신청한 의약품과 실제 허가증에 기재되어 있는 허가사항과의 동일성이 유지되어야만 허가특허연계제도하에서 주어지는 권리범위확인심판의 심결의 효력을 누릴 수 있다.

그러나 제네릭 의약품을 준비하는 제약사 입장에서 소극적 권리범위확인심판을 청구하는 시점에서 허가를 신청한 의약품의 원약분량 등을 최종적으로 확정하는 것은 매우 곤란하다. 제제개발 과정에서 부형제나 첨가제의 종류 또는 함량이 변경되는 경우가 비일비재하고, 나아가 허가를 받은 이후에도 원약 분량에 대한 변경이 이루어지는 경우도 많기 때문이다. 결국 권리범위확인심판과 허가특허연계제도와의 운용에 있어서는 확인대상발명서에 허가를 신청한 의약품을 어느 정도 수준으로 기재해야 하는지가 주된 문제로 된다. 구체적으로는, 판례 등에서 요구하는 확인대상발명설명서의 기재수준과 허가특허연계제도에서 요구하는 확인대상발명설명서 간의 정합성 문제가 대두될 수 있고, 확인의 이익 문제가 제기될 수 있으며, 판매금지 효력의 소멸이나 우선판매품목허가의 취득과 관련하여 허가를 신청한 의약품과 확인대상발명서에 기재된 확인대상발명의 동일성을 어떤 기준에 의해서 판단할지의 문제가 중요하다.

(1) 허가특허연계제도하에서의 확인대상발명설명서의 기재 정도

허가특허연계제도하에서의 권리범위 확인심판의 기능이 허가를 신청한 의약품이 등재 특허권의 권리범위에 속하는지의 여부를 판단하는 것은 위에서 살펴본 바와 같다. 따라서 권리범위확인심판의 심결문에 기재된 심리대상, 즉 확인대상발명 설명서에는 허가를 신청한 의약품이 기재되어 있어야 함이 원칙이다.

한편, 권리범위확인심판에 있어서 확인대상발명을 어느 정도로 상세하게 기재해야 하는 가에 대해서는, "확인대상발명은 당해 특허발명과 서로 대비할 수 있을 만큼 구체적으로 특정되어야 하는 것이지만 그 특정을 위하여 대상물의 구체적인 구성을 전부 기재할 필요는 없고 특허발명의 구성요건에 대비하여 그 차이점을 판단함에 필요한 정도가 되면 충분하다."는 것이 대법원 판례의 입장이다.[7]

결국 확인대상발명의 기재는, 특허발명의 구성요건과 대비하여 그 차이점을 판단함에 필요한 정도를 기재하여야 하는 최소한의 요건을 만족하는 범위 내에서, 허가를 신청한 의약품과의 동일성을

7) 대법원 2005.4.29. 선고 2003후656 판결.

나타낼 수 있는 허가특허연계제도 특유의 요건을 만족시킬 필요가 있다. 이와 관련하여, 우선판매품목허가 지침서[8]에서는, "해당 의약품이 특허권리범위에 속하지 아니한다는 취지의 심결"은 소극적 권리범위확인심판을 청구한 경우 인용 심결의 대상이 된 확인대상발명의 특징 모두가 허가받는 의약품에 부합하여야 함을 의미한다고 규정하고 있고, 이는 확인대상발명 설명서에 기재된 구성요소가 실제 허가 신청한 의약품에 포함되면 충분한 것으로 이해된다. 즉, 조성물 특허의 예를 든다면, 실제 허가를 신청한 의약품이 "A+B+C+D+E"로 이루어지며, 확인대상발명 설명에서 기재한 의약품의 기술구성이 "A+B+C"인 경우 확인대상발명의 구성 모두가 허가받는 의약품에 포함되므로, 확인대상발명의 특징 모두가 허가받는 의약품에 부합한다고 보아야 할 것이다. 반면 이 경우에 있어서, 확인대상발명을 "A+B+C+X"라고 특정한 경우 X라는 구성요소는 허가를 신청한 의약품에 포함되지 않는 구성요소이므로 이와 같은 확인대상발명에 기초한 심결을 받은 경우, 판매금지 효력의 소멸 또는 우선판매품목허가의 취득은 어려울 것[9]이다.

(2) 확인의 이익

소극적 권리범위확인심판청구가 적법하기 위해서는 확인의 이익이 있어야 한다. 현재 실시하지 않고 장래 실시 예정인 것을 확인

---

8) 식약처, 우선판매품목허가 지침서, 2015, 15쪽.

9) X라는 구성요소가 특허침해의 판단에 있어서 전혀 고려되지 않는 구성인 경우, 예를 들면, 등재 특허권은 서방화 제제에 관한 고분자의 종류를 한정하는 것인데, X가 단순한 코팅제의 색소에 관한 것인 경우에는 X라는 구성요소의 존부가 허가 신청한 의약품이 등재 특허권의 권리범위에 속하지 않는다는 결론에 영향을 미치지 않는 것은 명백하다. 그러나 이와 같은 경우에도, 확인대상발명과 허가를 신청한 의약품의 동일성은 인정되지 않으므로, 이와 같은 경우에는, 심결 이전에 확인대상발명 설명서로부터 X라는 구성요소를 삭제 보정하는 등의 조치가 있어야 할 것이다.

대상발명으로 특정한 경우라 하더라도, 기술적으로 실시가 불가능하거나 또는 심판청구인이 실시하지 않을 것이라고 진술한 경우 등의 특단의 사정이 존재하지 않는 한 확인의 이익이 인정된다. 이와 관련하여, 허가특허연계제도의 도입후 다수의 권리범위확인심판이 제기되었지만 이들 대다수가 등재 의약품의 PMS가 종료되거나, 등재 의약품에 관한 물질 특허의 존속기간이 종료된 이후 실시할 예정인 제네릭 의약품에 관한 것임을 고려하여, 장래에 실시할 것인지의 여부가 확실하지 않은 경우 확인의 이익을 부정해야 하는지가 논란이 되었다. 이는 생물학적 동등성 시험조차 거치지 않은 초기 단계의 잠정적인 원약 분량을 기초로 한 확인대상발명에 기초한 소극적 권리범위확인심판청구의 적법성을 다투는 것으로서, 소극적 권리범위확인심판을 청구한 제약사가 최소한 관련 의약품을 개발하고 있다는 소명을 하지 않는 한, 장래 실시가능성을 부인함으로써 심판청구를 각하해야 한다는 주장이다. 이에 대해서 특허심판원은 청구인이 현재 의약품 품목허가를 진행하고 있지 않더라도 소극적 권리범위확인심판에서는 장래 실시할 가능성이 있는 발명을 확인대상발명으로 특정하여 청구할 수 있다는 원칙을 재확인하면서, 확인대상발명이 의약품으로 품목허가 신청 또는 준비 중이지 않고, 오리지널의약품과 생물학적 동등성을 갖는 것인지 확인할 수 없다는 이유만으로 확인의 이익을 부정할 수는 없다는 심결[10]을 내렸다. 특허법원[11] 및 대법원[12] 또한 해당 심결을 지지함으로써 허가특허연계제도와 관련한 소극적 권리범위심판사건의 확인의 이익 인정여부에 관한 논란은 일단락되었다.

10) 특허심판원 2016.4.27.자 2015당1464 권리범위(특) 심결.
11) 특허법원 2017.5.26. 선고 2016허4818 판결.
12) 대법원 2017.12.22. 선고 2017후1601 판결.

제3절 특허권 존속기간연장등록과 허가특허연계제도

1. 개 요

허가특허연계제도가 도입되기 전에는 특허권 존속기간연장등록의 무효를 다투거나 존속기간이 연장된 특허권의 효력을 전격적으로 다투는 심판 및 소송은 매우 적었고, 유력한 학설이나 확립된 판례가 있다고 말할 수 없는 상황이었다. 허가특허연계제도가 도입된 후 2015년에만 약 500여 건의 존속기간연장등록 무효심판이 청구되었고, 이에 근거한 우선판매품목허가의 취득이 가능한 것인지가 주목되었으나, 실제 인용심결은 단 1건에 불과하였고, 이 역시 특허청구범위의 정정에 의하여 등재 의약품의 주성분이 등재 특허권의 특허청구범위로부터 제외된 결과에 의한 것으로[13)]이에 기초하여 우선판매품목허가가 부여된 사안은 없다.

또한 염 변경 의약품과 관련하여 특허법 제95조에 규정되어 있는 존속기간이 연장된 특허권의 효력을 전격적으로 다투는 소극적 권리범위확인심판사건이 청구되기 시작하였고 상당수가 특허심판원, 서울중앙지법 및 특허법원 등에서 비침해 판단을 받게 되었다. 이에 따라, 판매금지 효력을 소멸시키거나 우선판매품목허가가 부여되는 등 허가특허연계제도의 도입에 따라 시도된 신규 특허전략 중 존속기간연장등록과 관련하여서는 유일하게 성공한 특허전략으로 평가받고 있다.[14)]

존속기간연장등록제도는 특허권의 존속기간을 연장시킨다는 점

13) 특허심판원 2017.11.6.자 2015당1468 등록무효(특) 심결.

14) 특허법원 2017.6.30. 선고 2016허8636 권리범위확인(특) 판결. 다만 해당 사건에 대한 상고심이 현재 대법원에 계속중이다.

에서 오리지널 제약사이든 제네릭 제약사이든 그 무게감을 결코 좌시할 수 없는 제도임에도 불구하고, 허가특허연계제도가 도입되기 전까지는 이에 대한 연구나 분쟁이 활발히 행해지고 있지 않는 분야였다. 허가특허연계제도의 도입에 따라 연장등록무효심판의 활용이 수면 위로 떠오른 것은 바람직하지만, 대부분의 심판 소송이 천편일률적인 무효사유에 기초하여 진행되었고 상당수의 심판이 자진취하로 마무리되었다는 점에 대해서는 안타까운 측면이 있다. 반면 특허법 제95조에 기초하여 존속기간이 연장된 특허권의 효력을 다투는 권리범위확인심판의 경우, 염변경 의약품의 개발을 촉진시켰다는 평가를 받는다. 나아가 오리지널 의약품의 주성분과 용매화물이나 공결정이 상이한 주성분을 갖는 제네릭 의약품의 개발을 촉진하게 되었다는 평가도 있다.

2. 존속기간연장등록 무효심판 및 권리범위확인심판의 특수성

통상적인 특허무효심판으로부터 특허를 무효로 한다는 심결이 확정되는 때에는 그 특허권은 처음부터 없었던 것으로 본다(특허법 제133조 제3항). 반면, 존속기간연장등록을 무효로 한다는 심결이 확정된 경우에는 그 연장등록에 따른 존속기간의 연장을 처음부터 없었던 것으로 보거나, 연장된 기간 중 일부 기간에 대해서 연장이 없었던 것으로 본다(특허법 제134조 제4항). 즉, 존속기간연장등록 무효심판의 심결이 확정되었을 때의 효력은 어디까지나 연장기간 전부 또는 연장기간 중 일부 기간에 대한 연장등록효력을 소멸시키는 것이지 특허권 자체를 소멸시키는 것이 아니다. 결국, 통상적인 무효심판에 의하여 특허권을 무효로 한 경우에는 관련 제네릭 의약품의 출시가 즉시 가능하게 되지만, 존속기간연장등록에 의하여 연장등록을 무효로 한 경우에는 특허권 자체는 여전히 유효하므로 특허권의 원존속기간이 만료될 때까지는 제네릭 의약품을 출시할 수 없다. 존속기간이 연장된 특허권의 효력을 다투는 권리범위확인심판 역시 마찬가지로 연장기간 중에 있어서의 특허권의 효력이 제한됨을 전제로 하는 것이므로, 비록 어떤 특정한 실시태양이 존속기간이 연장된 특허권의 권리범위에 속하지 않는다는 심결이 내려진다고 하여도, 이는 원존속기간이 만료된 이후 그렇다는 것이므로 특허권의 원존속기간이 만료될 때까지는 제네릭 의약품을 출시할 수 없다. 결국 존속기간연장등록에 관한 특허도전의 경우, 무효심판 또는 권리범위확인심판에서 승소하거나 심결이 확정된다고 해서 그 즉시 제네릭 의약품의 출시가 가능한 것이 아니라 최소한 원존속기간이 만료될 때까지는 제네릭 출시가 지연된다는 점에서, 통상의 무효심판 또는 권리범위확인심판과는 상이한 특수성이 존재한다.

3. 허가특허연계제도의 운영에 있어서 존속기간연장등록 관련 심판의 문제

(1) 존속기간연장등록 무효심판과 관련된 문제

우선판매품목허가로 인한 동일 의약품의 판매금지 기간은 최초로 우선판매품목허가를 받은 자의 판매가능일로부터 9개월이 경과하는 날까지이다(약사법 제50조의9 제1항, 제2항). 이때, 판매가능일이라 함은 우선판매품목허가를 받은 날 또는 특허도전이 이루어지지 않은 등재특허권(약사법 제50조의4 제1항 제2호에 따른 등재특허권)의 존속기간 만료일 다음날을 의미한다(의약품 등의 안전에 관한 규칙 제62조의9 제2항).

그런데 존속기간연장등록 관련 심판에서 승소한 경우의 판매가능일은 우선판매품목허가를 받은 날이 아님은 명백하다.[15] 한편

15) 우선판매품목허가를 받아도, 아직 등재 특허권의 원존속기간이 만료되지

등재 특허권에 대하여 존속기간연장등록 관련 심판을 청구하여 인용심결을 받은 경우, 우선판매품목허가가 부여될 수는 있으나, 판매가능일을 어떻게 산정해야 할지에 대해서는 관계 법령에 명확하게 규정되어 있지 않다.[16] 존속기간연장등록 관련 심판에서 승소한 경우 우선판매기간을 산정하는 방식에 대해서 보다 명확한 운용규정이 필요한 것으로 보인다.

(2) 존속기간연장등록 권리범위확인심판과 관련된 문제

존속기간이 연장된 특허권의 효력을 다투는 소극적 권리범위확인심판으로부터의 인용심결 역시 우선판매품목허가 취득의 기초가 될 수 있다. 다만 본 심판의 경우, 원존속기간이 만료된 이후에 확인대상발명의 실시가 특허권의 권리범위에 속하지 않는다는 것을 의미하므로, 판매가능일을 언제로 정해야 할지가 명료하지 않다. 나아가 이와 같은 소극적 권리범위확인심판의 경우, 허가특허연계제도가 도입되기 이전에 청구된 바 없는 새로운 유형의 특허도전으로서, 약사법 및 관련 법률, 그리고 우선판매품목허가 지침서나 해설서에서도 우선판매기간에 대한 아무런 언급이 없는바, 존속기간연장등록 무효심판에 의한 일부 연장기간 무효와 마찬가지로 단축시킨 기간에 대해서만 우선판매품목허가를 부여할 수 있다고 해석하기도 어려운 상황이다.

결국 존속기간연장등록 관련 특허도전과 관련해서, 약사법에서는 우선판매품목허가를 취득할 수 있는 심판이라고 규정되어 있기는 하지만, 실제 심판에서 인용심결을 취득하였을 때 우선판매품목

않은 경우 판매가 불가능하다.

16) 우선판매품목허가지침서 15쪽에서는 특허의 존속기간연장등록 무효심판에서의 인용심결을 받은 경우 연장된 전체 기간 중 일부를 무효시킨 경우 단축시킨 기간에 대해서만 우선판매품목허가를 받을 수 있다고 규정되어 있을 뿐, 판매가능일이 언제가 되는지에 대한 규정은 존재하지 않는다.

허가를 어떤 식으로 부여해야 하는지에 대해서는 명확한 규정이 없는바, 예측가능한 제도운영을 위해서는 이에 관한 명확한 지침을 제시해야 할 필요가 있다.

제4절 관련 사례

1. 개 요

2015년 3월 15일 의약품 허가특허연계제도가 본격적으로 시행됨에 따라 제약업계에서 특허소송이 급증한 것으로 나타났다. 제도 도입 초기인 2015년 심판청구 건수는 1천957건에 달했다. 우선판매품목허가를 목표로 많은 제약사가 신중한 검토 없이 따라 하기식으로 심판을 청구했지만, 1천957건 중 703건(36%)이 취하돼 결국 심판청구에 시간과 비용의 낭비를 초래했다는 지적이 있다. 다만 제도 시행 3년이 지나면서 '묻지마식 따라 하기' 특허심판 청구는 대폭 줄어든 것으로 보이고 제약사들이 심판청구에 신중을 기하고 있는 것으로 분석됐다.

제도가 안착해 가면서 제약사들의 특허심판 전략에도 큰 변화가 나타난다. 제도 초기에는 주로 무효심판과 존속기간연장등록 무효심판을 청구했지만, 최근에는 권리범위 확인심판을 주로 청구하고 있다. 오리지널 의약품의 원천특허를 무효로 하기 힘들게 되자, 특허권자의 권리범위를 회피하는 쪽으로 제약사들이 심판전략을 수정했기 때문으로 보인다.

존속기간 연장과 관련된 소송 또한 증가하고 있다. 존속기간연장등록 대상 및 기간이나 연장된 특허권의 효력범위는 의약품 허가특허연계제도상의 통지의무자, 그리고 해당 특허를 무력화 또는 회피한 자에게 부여되는 우선판매품목허가와도 연관된다. 등재의약품의 허가자료를 근거로 허가를 신청하는 자는 특허권자에게 품목허가 신청사실을 통지할 의무를 지지만(약사법 제50조의4), 이미 존속기간이 만료되었거나 품목허가를 신청한 의약품의 효능·효과가 의약적 용도에 관한 특허권과 관련된 것이 아닌 경우에는 통지할 필요가 없기 때문이다(약사법 시행령 제32조의5).

이하에서는 그동안의 관련사례와 동향을 살펴본다.

2. 외국사례 및 동향

(1) 미 국

미국은 의약품 허가를 위한 유효성·안전성 실험으로 인해 특허발명을 실시할 수 없었던 경우에는 새로운 유효성분(active ingredient)에 대해서만 1회에 한해 존속기간의 연장을 허용하고 있다.

한편, 미국 특허법 제156조 (b)에 따르면, 존속기간이 연장된 특허권의 권리범위는 제품(product) 청구항의 경우 그 제품을 위하여 허가된 용도로 권리범위가 한정된다.[17] 아울러 동법 제156조 (f)에 따르면, 제품은 유효성분(active ingredient)의 유리형태뿐 아니라 그 유효성분의 염과 에스테르를 포함하고, 단일제제뿐 아니라 다른 유효성분과 조합되는 복합제제로 사용되는 것도 모두 포함하는 것을 의미하므로 결국 미국 특허법 규정에 따르면 존속기간이 연장된 특허권의 권리범위는 허가를 받은 유효성분(유리형태, 염 및 에스테르)의 허가된 용도에 관한 실시에까지 미치게 된다.

---

17) 35USC156

(b) Except as provided in subsection (d)(5)(F), the rights derived from any patent the term of which is extended under this section shall during the period during which the term of the patent is extended—

(1) in the case of a patent which claims a product, be limited to any use approved for the product—

(2) 유 럽

유럽연합은 특허권 존속기간 연장등록출원을 통해 존속기간의 연장을 인정하는 미국, 일본 및 우리나라와 달리 특허권의 존속기간은 출원일로부터 20년이 경과하면 만료하는 것으로 하고, 의약품 허가 등의 이유로 실시할 수 없었던 기간에 대해서는 추가보호증명서(Supplementary Protection Certificate: 이하 'SPC')를 부여하는 형태로 제도를 운영하고 있다.[18)]

유럽의 실무는 SPC를 수여받기 위해서는 해당 제품(product)에 대하여 이전에 SPC를 받은 사실이 없어야 하고[유럽연합규정 제469/2009호 제3조(c)], 제품(product)은 유효성분 또는 유효성분의 조합을 의미한다(유럽연합규정 제469/2009호 제1조)는 문언의 의미를 엄격히 해석하여, 공지의 물질에 대해서는 어떠한 획기적인 제형의 변화가 있거나[19)] 새로운 용도를 개발하더라도 이를 기초로 SPC를 수여받을 수는 없는 것으로 하고 있다.[20)]

한편 SPC에 의해 부여되는 특허권의 범위는 원특허권의 전체범위에 걸친 것이 아니라 "기본 특허에 의해 부여된 보호범위의 제한 내에서", "상응하는 의약품으로서 시장 판매 허가를 받은 제품(product)" 및 "SPC 만료일까지 허가된 의약품으로서의 제품의 용

18) 용어와 기간의 계산방법 등은 상이하나 허가 등을 위하여 소요되는 기간으로 인해 실제로 특허발명을 실시할 수 없었던 기간만큼 추가보호를 위한 증명서를 부여한다는 점에서 허가 등에 따른 특허권 존속기간 연장제도와 그 취지나 효과는 동일하다.

19) 유럽사법재판소 2006.5.4. 선고 C-431/04 Massachusetts Institute of Technology 판결.("어떤 유효성분에 대해 이미 의약품으로 허가를 받은 바가 있다면 새로운 제형특허에 대해서는 존속기간을 연장받을 수 없다.")

20) 유럽사법재판소 2007.4.17. 선고 C-202/05 Yissum 결정.("물질의 제2 의약용도는 유럽연합규정 제1조 (b)에서 정의하는 제품(product)에 포함되지 않는다 … 따라서 어떤 유효성분에 대해 이미 의약품으로 허가를 받은 바가 있다면 해당 유효성분의 제2 의약용도발명에 대해서는 존속기간을 연장받을 수 없다.")

도"로 한정된다.[21] 그런데 동 규정 제1조에서는 제품(product)을 "의약품(medicinal product)의 유효성분 또는 유효성분의 조합(active ingredient or combination of active ingredients of a medicinal product)" 이라고만 정의하고 있어서 유효성분을 어떻게 정의하는지에 따라 SPC에 의한 보호범위가 달라질 수 있다.

유럽사법재판소는 "제품(product)을 특정 염의 형태로만 제한하여 해석하게 되면 특허권자의 개발의욕을 고취시킨다는 SPC 제도의 취지에 맞지 않는다"는 점 등을 들어 "특정치료효과를 갖는 유리염기 형태의 화합물에 관한 물질특허에 대해 연장된 특허권의 효력은 의약품 허가를 받은 특정한 유효성분 그 자체뿐만 아니라 기본특허에 의해 보호되는 그의 염 및 에스테르에도 미친다"고 판시한 바 있다.[22]

(3) 일 본

일본 특허법은 유효성, 안전성 확보를 위해 법률의 규정에 따른 허가 등을 받아야 하고 이로 인해 특허발명을 실시할 수 없었던 때에는 5년의 한도에서 특허권의 존속기간을 연장해 준다는 점에서 기본적인 틀은 우리법과 유사하다.[23] 그러나 구체적인 연장등록

21) Article 4 (Subject matter of protection) Within the limits of the protection conferred by the basic patent, the protection conferred by a certificate shall extend only to the product covered by the authorisation to place the corresponding medicinal product on the market and for any use of the product as a medicinal product that has been authorised before the expiry of the certificate.

22) 유럽사법재판소 1999.9.16. 선고 C-392/97 Farmitalia 판결.

23) 특허권의 존속기간은 특허출원일로부터 20년이 되는 때에 종료하나(일본 특허법 제67조 제1항) 그 특허발명의 실시에 대하여 안전성의 확보 등을 목적으로 하는 법률의 규정에 의한 허가 그 밖의 처분으로서 해당 처분의 목적, 절차 등에 비추어 해당 처분을 정확하게 시행하기에는 상당한 기간을 요하는 것으로서 정령에서 정하는 것을 받을 필요가 있어 그 특허발명을 실

허용범위는 우리나라 제도와 매우 다르게 운용되고 있다. 현행 일본의 심사실무에 따르면 대상물건은 의약품의 유효성분에 한정되지 않고 '의약품의 성분, 분량 및 구조에 의해 특정된 물건'으로 해석되므로, 유효성분과 효능 · 효과가 과거의 승인과 동일하더라도 새로운 제제에 대해 별도의 승인을 얻을 수 있으면 해당 승인에 기초하여 제제특허의 연장등록이 인정된다.[24]

일본 특허법 제68조의2에 따르면, 존속기간이 연장된 특허권의 효력은 그 연장등록의 이유가 된 처분의 대상이 된 물건(그 처분에서 그 물건이 사용되는 특정용도가 정해져 있는 경우에는 그 용도로 사용되는 그 물건)에 대한 해당 특허발명의 실시 이외의 행위에는 미치지 아니한다. 일본 지식재산고등재판소는 "대상이 된 물건"의 범위를 매우 좁게 해석하여 "유효성분뿐 아니라 의약품의 구성을 객관적으로 특정하는 성분 또한 연장된 특허권의 효력을 제한하는 요소가 된다"고 한다.[25]

3. 존속기간 연장등록이 허용되는 범위

특허청의 특허권 존속기간 연장출원에 관한 심사 사례를 살펴보면, 1999년부터 2007년까지의 존속기간 연장등록 출원에 대해서는 신약 및 자료제출의약품에 대해 모두 등록을 인정하였고, 2008년부터 2011년까지의 존속기간 연장등록의 출원은 자료제출의약품에 대해 등록 또는 거절이 혼재하며, 2012년 이후에는 자료제출의

시할 수 없는 기간이 있는 때에는 5년을 한도로 하여 연장등록의 출원에 의해 이를 연장할 수 있다(제67조 제2항). 한편, 존속기간 연장등록을 받기 위해서는 그 특허발명의 실시에 제67조 제2항의 정령에서 정하는 처분을 받을 필요가 있어야 한다(제67조의3 제1호).

24) 일본 특허청, 「特許権の存続期間の延長」に関するQ&A (平成28年3月23日).

25) 平成26年 5月30日 知財高裁判決 平25(行ケ)10195号.

약품에 대해 등록이 모두 거절되었다.[26] 이처럼 구법하에서는 특허권 존속기간 연장제도의 대상이 되는 특허발명에 대하여 명확하게 규정하고 있지 않아서 심사·심판에서 일부 혼란이 발생했었다. 그러나 2012년 이후 심사실무는 일관되게 자료제출의약품에 대해서는 등록을 거절하고 있고, 2013년에는 특허법 시행령 제7조를 개정하여 특허권 존속기간 연장등록의 대상이 되는 발명의 범위를 법률의 위임 취지에 맞게 신물질을 유효성분으로 하여 제조한 의약품 등으로 구체적으로 한정하였다.[27]

현행 특허법 제89조에 따르면, "특허발명을 실시하기 위하여 다른 법령에 따라 허가를 받거나 등록 등을 하여야 하고, 그 허가 또는 등록 등(이하 "허가 등"이라 한다)을 위하여 필요한 유효성·안전성 등의 시험으로 인하여 장기간이 소요되는 대통령령으로 정하는 발명인 경우에는 제88조 제1항에도 불구하고 그 실시할 수 없었던 기간에 대하여 5년의 기간까지 그 특허권의 존속기간을 한 차례만 연장할 수 있다." 한편 동법 시행령 제7조에 따르면, 허가등에 따른 특허권의 존속기간의 연장등록출원 대상 발명은 신물질(약효를 나타내는 활성부분의 화학구조가 새로운 물질을 말한다. 이하 이 조에서 같다)을 유효성분으로 하여 제조한 의약품으로서 최초로 품목허가를 받은 의약품으로 한정된다. 결론적으로 현행 특허법 규정에 따르면, 하나의 특허에 대한 허가 등에 따른 특허권의 존속기간연장은 1회

26) 특허법원 2016.1.29. 선고 2015허1256 판결 참조.

27) 대통령령 제24491호 일부개정 2013.4.3. 동 개정에 따라 특허법 시행령 제7조 1호는 "특허발명을 실시하기 위하여 「약사법」 제31조 제2항·제3항 또는 제42조 제1항에 따라 품목허가를 받아야 하는 의약품의 발명"에서 "특허발명을 실시하기 위하여 「약사법」 제31조 제2항·제3항 또는 제42조 제1항에 따라 품목허가를 받은 의약품[신물질(약효를 나타내는 활성부분의 화학구조가 새로운 물질을 말한다. 이하 이 조에서 같다)을 유효성분으로 하여 제조한 의약품으로서 최초로 품목허가를 받은 의약품으로 한정한다]의 발명"으로 개정되었다.

에 한하고, 신약에 상당하는 유효성분에 대하여 최초의 허가 또는 등록에 의한 것만 존속기간 연장등록이 인정된다.[28)]

최근 특허권의 존속기간 연장을 규정한 특허법 제89조에서 규정하는 "특허권의 허가절차 등으로 특허발명을 실시할 수 없었던 기간"에 대한 의미있는 판결이 나왔다. 특허권의 존속기간 연장을 규정한 우리나라 특허법 제89조는 의약품 허가 절차 등으로 특허발명을 실시할 수 없었던 기간에 대하여는 존속기간을 연장할 수 있다고 규정하고 있다. 다만 허가 등을 받은 자에게 책임 있는 사유로 소요된 기간은 이 기간에 포함되지 않는다고 정하고 있는데, 이전까지는 존속기간 연장에 관한 구체적이고 명시적인 기준이 없었다.

특허법원 특별재판부는 존속기간연장무효심결 취소소송(2016허21 등)에서 존속기간 연장기간 산정의 기초가 되는 기간을 "특허권자 등이 특허발명을 실시하려는 의사 및 능력이 있었음에도 불구하고 특허발명을 실시할 수 없었던 기간, 즉 약사법 등에 의한 허가 등을 받는 데 필요한 기간"으로 해석했다. 또한 특허발명을 실시할 수 없었던 기간의 시작과 끝나는 날에 대한 기준을 명확히 했다. 재판부는 "시기(始期)는 특허권자 등이 약사법 등에 의한 허가 등을 받는 데 필요한 활성·안전성 등의 시험을 개시한 날 또는 특허권의 설정등록일 중 늦은 날이 되고, 그 종기(終期)는 약사법 등에 의한 허가 등의 처분이 그 신청인에게 도달함으로써 그 처분의 효력이 발생한 날"이라고 밝혔다.

'특허권자에게 책임 있는 사유로 소요된 기간'에 대해서는 "특허권자의 귀책사유로 말미암아 약사법 등의 허가 등이 실제로 지연된 기간, 즉 특허권자의 귀책사유와 약사법 등에 의한 허가 등의 지연 사이에 상당인과관계가 인정되는 기간을 의미한다"고 설명했

---

28) 「허가 등에 따른 특허권 존속기간의 연장제도 운용에 관한 규정」 일부개정 2015.8.21. 특허청고시 제2015-19호, 제3조.

다. 특별재판부는 위와 같은 기준을 근거로 특허청이 특허권자의 존속기간을 연장해 준 처분은 정당하다고 판시했다. 위 사건은 의약품 특허권 존속기간 연장기간 산정 기준을 제시한 최초의 판결로 향후의 유사 사건에 기준이 될 것으로 예상된다.

> 2016허21 존속기간연장무효(특) 심결취소의 소
>
> 특허권의 허가절차 등으로 특허발명을 실시할 수 없었던 기간: 특허권자 등이 특허발명을 실시하려는 의사 및 능력이 있었음에도 불구하고 특허발명을 실시할 수 없었던 기간 즉, 약사법 등에 의한 허가 등을 받는 데 필요한 기간에 한하여 존속기간연장의 대상으로 하고 있다. 따라서 구 특허법 제89조의 '실시할 수 없었던 기간'의 시기(始期)는 특허권자 등이 약사법 등에 의한 허가 등을 받는 데 필요한 활성 · 안전성 등의 시험을 개시한 날 또는 특허권의 설정등록일 중 늦은 날이 되고, 그 종기는 약사법 등에 의한 허가 등의 처분이 그 신청인에게 도달함으로써 그 처분의 효력이 발생한 날까지라고 할 것이다.
> 특허권자에게 책임 있는 사유로 소요된 기간: 특허권자의 귀책사유로 말미암아 약사법 등의 허가 등이 실제로 지연된 기간, 즉 특허권자의 귀책사유와 약사법 등에 의한 허가 등의 지연 사이에 상당인과관계가 인정되는 기간을 의미한다.

4. 존속기간이 연장된 특허권의 권리범위

특허권의 효력은 업으로서 특허발명을 실시하는 것 모두에 미치는 것이 원칙이지만 존속기간이 연장된 특허권의 효력은 일정범위 내로 제한된다.[29] 그 연장등록의 이유가 된 허가 등의 "대상물건"

29) 특허법 제95조(허가 등에 따른 존속기간이 연장된 경우의 특허권의 효력) 제90조 제4항에 따라 특허권의 존속기간이 연장된 특허권의 효력은 그 연장등록의 이유가 된 허가 등의 대상물건(그 허가 등에 있어 물건에 대하여 특정의 용도가 정하여져 있는 경우에는 그 용도에 사용되는 물건)에 관한

과 "용도"를 어떻게 해석하는지에 따라 연장된 특허권의 권리범위가 달라지게 된다.

(1) 그 연장등록의 이유가 된 허가 등의 "대상물건"(특허법원 2013.9.5. 선고 2013허2828 판결)

1) 사안의 개요

원고(심판청구인)는 "1-비페닐메틸이미다졸 유도체, 그의 제조방법 및 그의 치료적 용도"에 관한 특허권자이다.

원고(심판청구인)는 2012.3.14. 특허심판원에 피고(피심판청구인)를 상대로, 확인대상발명이 이 사건 제1항, 제5항 내지 제8항, 제10항 및 제34항 특허발명의 권리범위에 속한다는 확인을 구하는 권리범위확인심판(이하에서 '이 사건 심판'이라고 한다)을 청구하였는데 원고가 위 심판청구와 별도로 2012.7.9. 청구한 정정심판에 의해 권리범위 확인심판의 대상이 되는 제5항 내지 제8항과 제10항이 삭제되고, 제1항 및 제35항이 각각 정정되었는바, 원고는 해당 부분에 대한 권리범위확인심판 청구를 취하하였다. 이 사건 심판에서 쟁점이 된 것은 확인대상발명이 이 사건 제1항 및 제34항의 권리범위에 속하는지 여부이다.

정정 후의 이 사건 제1항 발명의 특허청구범위는 '올메사탄' 및 '올메사탄 메독소밀'의 2개 화합물이다. 원고의 특허는 1992.2.21. 출원되어 1997.10.30. 등록된 것으로 원존속기간은 2012.2.21. 만료되나, 존속기간연장등록의 출원(2005원8294) 및 등록결정에 의하여 제1항 발명의 존속기간이 2013.9.15.까지 연장되었다.

특허심판원은 "특허권의 존속기간이 연장된 특허권의 효력은 '그 연장등록의 이유가 된 허가 등의 대상물건의 실시에 한정되는 것'이고, 존속기간이 연장되는 실시의 대상인 대상물건이란 위 특허법

그 특허발명의 실시 행위에만 미친다.

제95조의 '연장등록의 이유가 된 허가 등의 대상물건에 관한 그 특허발명의 실시'라는 기재로부터 '특허발명의 실시의 대상물건', 즉 통상의 물건에 해당하는 '실시의 대상물건'이라 할 것인바, 결국 특허권의 존속기간이 연장되는 특허권의 효력은 '연장등록의 이유가 된 허가 등의 실시의 대상물건'에 한정되는 것"이라고 하면서 "이 사건 제1항 발명의 특허청구범위에 기재된 화학식 1의 화합물인 '올메사탄'과 '올메사탄 메독소밀' 중에서 '연장등록의 이유가 된 허가 등의 실시의 대상물건'은 존속기간연장등록의 출원서 및 의약품 허가 또는 등록 정보에 공통적으로 개시하고 있는 '올메사탄 메독소밀'로 한정된다."고 판단하였다.30)

결론적으로 특허심판원은 이 사건 제1항 정정발명 중에서 특허법 제95조 규정에 의하여 존속기간이 연장된 발명은 '올메사탄 메독소밀'로 한정되므로, 확인대상발명은 이 사건 제1항 정정발명 및 이를 이용하는 발명인 이 사건 제34항 정정발명의 권리범위에 속하지 않는다는 이유로 원고의 심판청구를 기각하는 심결을 하였다. 원고는 이에 불복하여 특허법원에 심결취소소송을 제기하였다.

2) 특허법원의 판결

"이 사건 제1항 정정발명은 '식(I)의 화합물 및 약제학적으로 허용가능한 그의 염 및 에스테르'이고 이 사건 제34항 정정발명은 '제1항에 기재된 식(I)의 화합물 및 약제학적으로 허용 가능한 그의 염 및 에스테르에서 선택된 고혈압 방지제의 유효량과 약제학적으로 허용 가능한 캐리어 또는 희석제가 혼합되어 이루어진 고혈압의 치료 또는 예방용 약제학적 조성물'이다. 그런데 위 식(I)의 화합물은 그 구조식 중 R^{5a}가 수소 원자인 경우에는 '올메사탄'이 되고, R^{5a}가 (5-메틸-2-옥소-1,3-디옥솔렌-4-일)메틸기인 경우에는 '올메사탄 메독소밀'이 된다. … 원고는 약사법에 의한 의약품 제조품목허가

30) 특허심판원 2013.2.25. 선고 2012당768 심결.

를 받기 위해 '올메사탄 메독소밀'에 대해 필요한 활성 · 안전성 등의 시험을 행하였고 그로 인해 이 사건 정정발명을 실시할 수 없었던 기간에 대하여 존속기간을 연장받기 위하여 특허권 존속기간연장등록 출원을 하였음을 알 수 있다. 그러므로 이 사건에서 구 특허법 제95조의 '연장등록의 이유가 된 허가 등의 대상물건'은 원고가 약사법 제26조 제1항에 의한 의약품제조 품목허가를 받기 위해 필요한 활성 · 안전성 등의 시험을 실시하였던 '올메사탄 메독소밀'로 보는 것이 타당하다. … 특허권 존속기간 연장등록의 효력은 이 사건 제1항, 제34항 정정발명 중 '올메사탄 메독소밀'과 관련된 발명에 대해서만 미친다."

3) 정 리

특허심판원은 특허법 제95조를 엄격히 해석하여 "대상물건"을 '치료활성을 나타내는 유효성분'이 아니라 '실제로 연장등록을 받은 특정 유효성분'으로 한정하고 있다. 특허법원 또한 특허심판원의 이와 같은 판단을 지지하고 있는데 이는 존속기간이 연장된 특허권의 효력범위를 의약품으로 허가받은 특정한 유효성분 그 자체로 한정하지 않고 기본 특허에 의해 보호되는 그의 염 및 에스테르에도 미치는 것으로 보는 미국이나 유럽의 실무와는 상반되는 것이다.

원래 특허권은 출원후 20년간만 존속할 수 있고, 특허권 존속기간 연장제도는 그에 대한 예외인바, 예외규정은 엄격하게 적용되어야 한다는 해석원칙에 따른다면 특허심판원이나 특허법원의 판단이 특허법의 문언해석에 보다 충실한 것이라고 할 수 있다. 존속기간이 연장된 특허권의 효력에 관한 특허법 제95조에는 "특허권의 존속기간이 연장된 특허권의 효력은 그 연장등록의 이유가 된 허가 등의 대상물건(그 허가 등에 있어 물건에 대하여 특정의 용도가 정하여져 있는 경우에는 그 용도에 사용되는 물건)에 관한 그 특허발명의 실시행위에만 미친다."라고 규정하고 있으므로, 특허권의 존속기간이 연장된 특허권의 효력은 '그 연장등록의 이유가 된 허가 등의 대상물건의 실시에 한정되는 것'이고, 존속기간이 연장되는 실시의 대상인 대상물건이란 위 특허법 제95조의 "연장등록의 이유가 된 허가 등의 대상물건에 관한 그 특허발명의 실시"라는 기재로부터 '특허발명의 실시의 대상물건', 즉 통상의 물건에 해당하는 '실시의 대상물건'이라 할 것인바, 결국 특허권의 존속기간이 연장되는 특허권의 효력은 '연장등록의 이유가 된 허가 등의 실시의 대상물건'에 한정되는 것으로 볼 수 있기 때문이다.[31)]

그러나 해당 판결은 존속기간이 연장된 특허권의 권리범위와 관련하여, "대상물건"의 범위에 대해 판단한 최초의 특허법원 판결임에도 불구하고 대법원에 상고되지 않고 그대로 확정되어서 대법원 판결이 한 건도 존재하지 않는 아쉬움이 있다.

(2) 그 용도에 사용되는 물건(특허심판원 2015.9.11. 2015당992 심결)[32)]

1) 사안의 개요

X(피심판청구인)는 특허 제364953호(이하, '대상특허')에 대한 특허권자이다. X는 유효성분이 '두타스테리드'이고 의약용도가 '양성 전립선 비대증의 치료'인 의약품에 대하여 약사법에 의한 수입품목 허가를 받은 후 이를 근거로 대상특허에 대한 존속기간 연장등록 출원을 하여 특허청구범위 제1항 내지 제5항의 존속기간이 2014. 9.16.에서 2016.1.21.로 1년 4월 5일 연장되었다.

한편 Y(심판청구인)는 2015.3.14. 특허심판원에 「'두타스테리드를 포함하는 것을 특징으로 하는 성인 남성의 남성형 탈모의 치료제'에 관한 것인 확인대상발명은 X의 특허청구범위 제1항 및 제2항의 권리범위에 속하지 않는다.」는 소극적 권리범위확인심판을 청구하였

31) 특허심판원 2013.2.25. 2012당768 심결문 참조.

32) 본 심결에 대해서는 피청구인이 심결취소소송을 제기하지 않아 심결이 그대로 확정되었다.

다. 대상특허의 특허청구범위 제1항 및 제2항은 아래와 같다.

청구항 1: 17β-N-[2,5-비스(트리플루오로메틸)]페닐카르바모일-4-아자-5α-안드로스트-1-엔-3-온 또는 제약학상 허용되는 그의 용매화물.

청구항 2: 제1항의 화합물 및 그의 제약학상 허용되는 담체를 포함하는, 양성 및 악성 전립선 질병, 양성 전립선 비대증, 전립선염, 전립선암, 좌창, 다모증, 남성형 탈모증 또는 다낭성 난소 질환의 치료 또는 예방용 제약 제제.

2) 특허심판원의 심결

① 이 사건 제1항 및 제2항 발명의 특허권의 효력이 미치는 범위 이 사건 제1항 발명은 '17β-N-[2,5-비스(트리플루오로메틸)]페닐카르바모일-4-아자-5α-안드로스트-1-엔-3-온(이하, '두타스테리드') 또는 제약학상 허용되는 그의 용매화물'이고, 이 사건 제2항 발명은 '제1항의 화합물 및 그의 제약학상 허용되는 담체를 포함하는, 양성 및 악성 전립선 질병, 양성 전립성 비대증, 전립선염, 전립선 암, 좌창, 다모증, 남성형 탈모증 또는 다낭성 난소 질환의 치료 또는 예방용 제약 제제'이다.

그런데 피청구인은 약사법에 의한 의약품의 수입품목 허가를 받기 위해 '두타스테리드'에 대해 필요한 활성 · 안전성 등의 시험을 행하였고, 그로 인해 이 사건 특허발명을 실시할 수 없었던 기간에 대하여 존속기간을 연장받기 위하여 특허권 존속기간연장등록출원을 하였음을 알 수 있다. 그러므로 이 사건 특허발명에서 구 특허법 제95조의 '연장등록의 이유가 된 허가 등의 대상물건'은 피청구인이 약사법에 의한 의약품수입 품목허가를 받기 위해 필요한 활성 · 안전성 등의 시험을 위해 실시하였던 '두타스테리드'이고, 구 특허법 제95조에 "그 허가 등에 있어 물건이 특정의 용도가 정하여져 있는 경우에 있어서는 그 용도에 사용되는 물건에 관한 특허발명의 실시외의 행위에는 특허권의 효력이 미치지 아니한다"고 규정되어 있는바, 이 사건 특허발명의 존속기간 연장의 기초가 된 허가는 주성분을 두타스테리드로 하고 의약용도를 양성 전립성 비대증의 치료로 하는 것이므로, 존속기간의 연장등록에 의한 이 사건 제1항 및 제2항 발명의 특허권의 효력은 '주성분인 두타스테리드를 양성 전립성 비대증의 치료'라는 의약용도로 사용할 때에만 미치게 된다고 보아야 한다.

② 확인대상발명이 이 사건 제1항 및 제2항 발명의 권리범위에 속하는지 여부　　이 사건 제1항 발명과 확인대상발명은 모두 두타스테리드를 포함하는 점에서 동일하다. 다만 이 사건 제1항 발명은 화합물인 두타스테리드 자체를 청구대상으로 하고 있는 데 비해, 확인대상발명은 두타스테리드를 주성분으로 포함하는 약제학적 조성물로서, 그 의약용도를 성인 남성의 남성형 탈모의 치료로 한정한 약제학적 조성물이라는 점에 차이가 있다. 살피건대 … 존속기간의 연장등록에 의한 이 사건 제1항, 제2항 발명의 특허권의 효력은 '주성분인 두타스테리드를 양성 전립성 비대증의 치료'라는 의약용도로 사용할 때에만 미치게 되는데, 확인대상발명은 주성분으로서 두타스테리드를 포함하는 것을 특징으로 하는 성인 남성의 남성형 탈모 치료용 약제학적 조성물로서, 구체적으로는 성인 남성의 남성형 탈모의 치료라는 의약용도에 사용되는 두타스테리드에 관한 것이다. 따라서 이 사건 특허발명의 연장된 특허권의 효력은 '양성 전립성 비대증의 치료'라는 의약용도에 사용되는 '두타스테리드'에만 미치는 것이므로, '성인 남성의 남성형 탈모의 치료'라는 의약용도에 사용되는 '두타스테리드'의 실시에는 특허권의 효력이 미친다고 할 수 없는 것인바, 확인대상발명은 이 사건 제1항 발명의 권리범위에 속하지 아니한다.

이 사건 제2항 발명은 이 사건 제1항 발명의 종속항으로, … 이 사건 특허발명의 연장된 특허권의 효력은 '양성 전립선 비대증의 치료'라는 의약용도에 사용되는 '두타스테리드'의 실시에만 미치는 것인데, 확인대상발명은 '성인 남성의 남성형 탈모의 치료'라는 의약용도에 사용되는 '두타스테리드'를 포함하는 약제학적 조성물에 관한 것이므로, 확인대상발명은 이 사건 제2항 발명의 권리범위에 속하지 아니한다.

③ 정리 결론적으로 특허심판원은 "존속기간의 연장등록에 의한 특허청구범위 제1항 및 제2항의 효력은 '주성분인 두타스테리드를 양성 전립선 비대증의 치료'라는 의약용도로 사용할 때에만 미치게 된다고 보아야 하므로, 성인 남성의 남성형 탈모의 치료라는 의약용도에 사용되는 확인대상발명은 특허발명의 특허청구범위 제1항 및 제2항의 권리범위에 속하지 않는다."고 판단하였다.

특허법 제95조에 따르면, 특허권의 존속기간이 연장된 특허권의 효력은 그 허가 등에 있어 물건에 대하여 특정의 용도가 정하여져 있는 경우에는 그 용도에 사용되는 물건에 관한 그 특허발명의 실시 행위에만 미친다. 따라서 만일 "비만증 치료제"로 허가를 받았다면 존속기간이 연장된 특허권의 효력은 비만증 치료용도에만 미치고, "우울증 치료제"로 허가를 받았다면 우울증 치료용도에만 특허권의 효력이 미치게 된다. 특허심판원 2015당992 사건 또한 동일한 취지로 판단하고 있고, 이에 대해서는 반대의 견해를 찾아보기 어렵다.

5. 소 결

특허권은 원칙적으로 출원일로부터 20년간만 존속할 수 있는 것인데, 활성 및 안전성 시험으로 인하여 장기간 소요되는 의약관련 발명의 경우에는 타 기술분야와의 형평성을 고려하여 존속기간 연장등록제도를 도입하였다. 이와 같은 동 제도의 취지와 특허법의 목적을 고려하면 존속기간의 연장은 단지 타 법령에 의한 허가를 받을 필요가 있었다고 항상 허용되는 것은 아니고 특허권자의 이익, 사용자의 이익, 일반 공중의 이익을 고려하여 가장 형평에 맞으면서도 특허법의 목적을 달성할 수 있는 방향으로 제도를 설계하고 법을 해석해 나갈 필요가 있다. 아울러 존속기간 연장등록의 허용범위는 일정 측면 우리나라 제약산업이 처한 현실을 고려하여 정책적으로 판단할 필요도 있다. 이 경우에는 단순히 존속기간 연장등록의 허용범위가 미치는 영향뿐 아니라 연장된 특허권의 권리범위에 대한 부분도 고려되어야 한다. 연장등록 허용범위를 엄격하게 판단하는 경우에는 연장된 특허권의 권리범위는 그만큼 넓어질 수 있을 것이고, 연장등록을 널리 허용하는 경우에는 연장된 특허권의 권리범위는 한정 해석될 수밖에 없을 것이기 때문이다. 이는 큰 발명은 크게 작은 발명은 작게 해석한다는 특허권 권리범위 해석의 일반원칙을 고려해 보더라도 당연하다.

구법하에서는 특허권 존속기간 연장제도의 대상이 되는 특허발명에 대하여 명확하게 규정하고 있지 않아서 심사 · 심판에서 일부 혼란이 발생했었다.[33] 그러나 2013년 특허법 시행령 개정으로 인해 대상물건은 '약효를 나타내는 활성부분의 화학구조가 새로운 물질'이라는 점이 명확하게 되었고,[34] 2014년 특허법 개정[35]에 따라 하나의 특허권에 대한 존속기간연장은 1회에 한한다는 점이 명확해졌다. 향후 위와 같은 점들을 반영하여 우리나라 산업현실에 맞

33) 특허법원 2016.1.29. 선고 2015허1256 판결 참조(1999년부터 2007년까지의 존속기간 연장등록 출원에 대해서는 신약 및 자료제출의약품에 대해 모두 등록을 인정하였고, 2008년부터 2011년까지의 존속기간 연장등록의 출원은 자료제출의약품에 대해 등록 또는 거절이 혼재하며, 2012년 이후에는 자료제출의약품에 대해 등록이 모두 거절되었다).

34) 대통령령 제24491호 일부개정 2013.4.3.

35) 법률 제12753호 일부개정 2014.6.11.

으면서도 국제적으로 정합성을 이룰 수 있도록 연장된 특허권의 권리범위에 대한 판례의 축적이 이루어질 필요가 있다.[36)]

36) 신혜은, "특허권 존속기간 연장등록에 의해 연장된 특허권의 권리범위", 산업재산권 2016.12, 107-162쪽.

제5장

허가특허연계제도의 개선방안

1. 개 요

허가특허연계제도의 도입에 따른 가장 큰 변화는 특허심판 · 소송 건수의 급격한 증가이다. 특허도전은 오리지널 제약사로부터의 판매금지에 대하여 제네릭 제조사가 사전에 취할 수 있는 수단임과 동시에, 우선판매품목허가를 취득할 수 있게 하는 전제조건이기 때문이다. 이와 관련하여, 소송비용이 증가하거나 불충분한 검토에 기초한 특허심판청구가 증가하는 등의 문제점이 지적된 바 있다. 또한 비용 및 수고가 많이 드는 특허심판 · 소송을 거쳐 우선판매품목허가를 취득하여도 그 변별력이 높지 않다는 지적도 존재한다. 나아가 여러 차례 개정을 거친 미국과 달리, 제도 도입 초기에 있는 한국의 특성상 새로운 특허전략을 세워 우선판매품목허가의 취득을 노리는 제약사의 입장에서는 약사법의 현행 규정은 실무에서 발생하는 복잡하고 난해한 사안에 적용하기 어렵다는 목소리 또한 존재한다. 반대로 오리지널 의약품 제조사의 입장에서는, 특허 하나에 수십건의 특허심판이 청구된 경우 그 대응에 곤란함을 토로하고 있으며, 특허심판원 역시 허가특허연계제도 관련 심판의 진행에 관하여 별도 절차를 만드는 등 특허심판 · 소송의 건수 증가에 따른 영향이 작지 않다.

2. 우선판매품목허가의 변별력 강화

우선판매품목허가를 도입한 것은 제네릭 의약품의 출시시기를 앞당긴 자에게 일정한 혜택을 주기 위함이다. 즉, 등재특허권에 대한 무효도전이건 회피설계에 따른 권리범위확인심판이건 제네릭 의약품을 한발 앞서 출시하기 위해서 노력한 제약사에게 대해 타 경쟁사에 앞서 일정 기간 먼저 판매할 수 있도록 우선권을 부여하는 것이 본 제도의 취지이다. 그런데 현행 약사법에 규정된 우선판매품목허가 취득요건을 살펴보면, 특허심판청구를 누가 먼저 하는지에 따라 우선판매품목허가의 부여가 좌우되게 됨[1]을 알 수 있다. 즉, 가장 이른 날에 품목허가 또는 변경허가를 신청한 자인 경우 우선판매품목허가를 취득하기 위한 허가신청요건을 만족할 수 있다. 따라서 실무상 PMS 만료일 다음날에 허가신청서를 제출하면 되므로 이 요건은 통상 충족하기 용이한 요건으로 여겨진다. 무효심판의 경우 동일특허권에 대하여 복수의 청구가 있는 경우 병합하여 심리하는 것이 일반적이므로 청구일 요건(최초 심판청구 또는 14일 이내 청구)만 맞추는 경우 대부분 우선판매품목허가 취득이 가능하게 된다. 또한 타 경쟁사의 심판청구 여부는 상업화된 유・무료 서비스 등을 통해 실시간으로 확인할 수 있으므로, 관련품목에 관심이 있는 제약사라면 누구든지 우선판매품목허가 취득을 위하여 최초 심판청구일로부터 14일 이내에 심판을 청구할 수 있는데, 바로 이것이 제도도입 직후 대량으로 특허심판이 청구된 배경이다. 즉, 애당초 심판청구에 참여할 의사가 없었던 제네릭 제조사들이 타사의 심판청구를 인식한 후 14일이 되기 전에 급하게 심판청구 대열에 합류하게 되는 패턴이 이어지게 된다. 우선판매품목허가를 취득하는 것이 제네릭 의약품을 신속하게 발매한 자에게 주

1) PMS가 만료된 의약품의 경우에는 특허심판청구요건과 함께 허가신청요건 또한 우선판매품목허가 부여여부를 결정하는 주된 요소로 작용한다. 예를 들면, 액토스메트정에 대한 제네릭 의약품의 경우, 아래 〈그림 6〉과 같이, A사와 B사는 심판청구요건은 모두 만족하였으나 품목허가신청일이 빠른 A사만이 우선판매품목허가를 취득한 바 있다.

〈그림 6〉

어지는 특별한 혜택이 아니라 제네릭 의약품을 개발함에 있어서 당연히 취득해야 하는 것으로 여겨질 우려가 있다. 이런 상황에서는 우선판매품목허가를 제네릭의 조기출시 및 기술개발에 대한 모티베이션으로 삼으려던 취지가 퇴색될 수 있으므로 우선판매품목허가의 취득요건을 강화할 필요가 있다.

허가특허연계제도의 모태가 된 미국의 경우, 우선판매품목허가의 부여에 있어서 누가 먼저 심판을 청구했는지를 따지는 특허심판청구요건은 존재하지 않고, 순수하게 최초로 시판되는 제네릭 의약품에 대해서 시판독점을 인정한다. 우리나라도, 제네릭 의약품의 실제 시판시점을 기준으로 하여 우선판매품목허가를 인정하는 것을 고려해 볼 수 있을 것이다. 무효심판이나 권리범위확인심판의 경우, 제네릭 의약품의 시판과 관련된 특허침해 우려를 해소하기 위한 수단으로 실제 제네릭 의약품의 출시와 직접적으로 관련된 것은 아님에도 불구하고, 그 청구일이나 심결일을 기준으로 우선판매품목허가 여부를 결정하도록 하는 것은 재고할 필요가 있다. 단순하고 일관된 판단을 위해서는 현실적으로 어쩔 수 없는 선택이었음을 부인할 수는 없지만, 혜택을 받아 마땅한 회사와 그렇지 못한 회사 사이의 변별력이 어느 정도는 구비되어야 할 필요성은 있을 것이다. 나아가 소극적 권리범위확인심판에 있어서의 확인대상발명과 허가신청된 의약품의 동일성 문제 또한 특허침해 여부로 다투면 명확한 사항을 형식적인 판단을 위하여 약사법에 심결내용에 대한 규정을 존치시킴으로써 발생하는 것이다. 즉, 침해당사자 사이에 침해여부에 대해서 다툼이 없거나 또는 법원의 판결을 받았음에도 불구하고 비침해가 형식적인 심결로서 확인되지 않았음을 이유로 우선판매품목허가 부여를 거절하는 결론에 이른다면 이는 제도의 취지에 맞지 않는다. 형식적 요건충족 여부를 통한 우선판매품목허가 부여 방식보다는 장기적으로는 실제 시장에서의 제네릭 의약품 출시를 기준으로 요건을 설계해 나가는 것이 바람직하다고 생각한다. 이 경우 특허침해인지의 여부는 특허심판원이나 특허법원의 사법부의 영역에 맡기고, 허가기관은 허가요건 및 출시가 되었는지의 사실만을 확인하여 우선판매품목허가를 부여하도록 하는 것을 고려할 수 있다. 이와 같이 제도의 틀을 변경함으로써 위험을 감수하고 제네릭 의약품의 조속한 출시 및 실질적인 특허도전을 한 제약사에게 혜택이 돌아갈 수 있도록 할 수 있을 것이다.

3. 등재특허권 관리 강화

2017 의약품 허가특허연계제도 영향평가[2)]에 의하면, 특허권 등재, 허가신청 사실의 통지, 판매금지, 우선판매품목허가와 관련하여, 제약업체의 만족도가 가장 높은 분야가 등재의약품 및 등재특허권에 관한 사항이었다. 이는 판매금지나 우선판매품목허가와 달리 특허권의 등재 자체가 제네릭 의약품 허가에 직접적인 장애가 되지는 않음에 기인한 것으로 보인다. 등재 특허권과 관련하여 현행 제도하에서 가장 문제가 되는 사항은, 정정청구 또는 정정심판에 의하여 특허청구범위가 변경된 경우 특허권자로 하여금 이를 식약처장에게 보고하도록 하는 강제 규정이 없다는 점이다. 즉, 최초 등재심사에서 직접 관련성이 인정되어 특허권이 등재된 경우, 그 특허의 내용이 변경되었음에도 불구하고 계속적으로 등재 특허권으로 남아 있게 되는 경우가 존재하고, 이 경우 불필요한 특허심판이 제기될 수 있으며, 나아가 허가받은 의약품과 부합하지 않는 특허권이 등재 특허권으로 유지될 수 있을 것이다. 따라서 특허청구범위가 정정청구 등에 의해서 변경된 경우에는 특허권자로 하여금 이를 식약처장에게 보고토록 하여 직접 관련성 심사를 다시 하

2) 식약처, 의약품 허가특허연계제도 영향평가, 2017, 133쪽.

도록 하고, 위 보고가 지체되는 경우 등재목록에서 삭제하거나 판매금지 신청을 할 수 없도록 하는 등의 조치가 필요할 것이다.

4. 구체적 사안에의 적용기준 명확화

허가특허연계제도를 직접 접하는 제약업체 실무자들이 말하는 가장 큰 애로사항은 이례적인 사항이 발생하였을 때 이를 해석하고 평가할 수 있는 구체적인 기준을 찾기 어렵다는 것이다. 특히 개발이 임박한 품목의 경우 우선판매품목허가의 취득이 가능한지, 타사가 취득하는 우선판매품목허가의 효력에 의해서 자신의 제품이 판매금지가 되는지 등에 대해서 불명확한 경우가 적지 않다는 지적이 있다. 예를 들면, 복수의 등재 특허권에 대해서 복수의 특허도전이 이루어진 경우에 우선판매품목허가 취득 여부, 용매화물이 상이한 주성분을 포함하는 의약품은 동일의약품인지 아닌지, 정제와 캡슐(또는 동결건조주사제와 일반주사제)이 동일 제형인지 아닌지, 반려된 허가신청은 최초 허가신청인지 아닌지, 의약용도특허에 대한 도전에 의해서 적응증별로 우선판매품목허가 취득이 가능한지 아닌지 등[3]에 대해서는 여전히 명확한 기준이 없는 상황이므로, 이와 같은 구체적 사안에 있어서 식약처 또는 법원의 판단을 취합한 가이드라인의 확립이 필요하다.

3) 식약처, 의약품 허가특허연계제도 영향평가, 2017, 149쪽.

제6장

한국형 허가특허연계제도의 정착을 향하여

제1절 제도 정착을 위한 방향성

21세기를 흔히 지식정보화 시대라고 한다. 그만큼 지식이나 정보가 중요하다는 것이다. 과거에는 유형적인 제품의 생산과 판매를 통해 부를 창출하였지만 지식정보화시대에는 무형의 기술을 판매함으로써 더 많은 부를 창출해 낼 수 있다. 지식이나 정보가 창출할 수 있는 부가가치는 유형의 물건을 생산하여 창출할 수 있는 것과는 비교할 수 없을 만큼 크다. 유형의 물건으로 창출할 수 있는 부가가치는 그 특성상 일정한 한계가 있을 수밖에 없지만 지식이나 정보는 사용에 제한이 없기 때문이다. 한 번 가치 있는 기술을 개발하게 되면 이를 통해 엄청난 부를 창출하는 것도 가능한데, 제약산업은 대표적인 고부가가치 산업이다.

4차산업혁명의 시대를 맞이하여 신성장동력으로서 제약산업의 가치가 주목받고 있다. 세계적인 경기침체에도 불구하고, 제약산업은 최근 인구의 고령화에 따라 향후 가장 유망한 사업이 될 수 있다는 것이다. 2014년 세계 의약품 시장규모는 1200조 원이라고 하는데, 이는 각각 400조 원대에 달하는 휴대전화산업이나 반도체산업을 합한 것보다 더 큰 규모이다. 이와 같은 상황을 반영하듯 미국, 유럽, 일본을 비롯한 선진국들은 의약발명의 범위를 확대하고 보호를 강화함으로써 자국 산업의 경쟁력을 강화하려는 움직임을 보이고 있다. 중국 또한 2016년 12월 25일, 중국 전국인민대표대회 상무위원회(全国人民代表大会常务委员会) 제25차 회의에서 「중화인민공화국 중의약법(中华人民共和国中医药法)」[1]을 최종 통과시킴으로써 중의약에 대한 보호를 강화하고 있다.

---

1) http://www.npc.gov.cn/npc/xinwen/2016-12/25/content_2004972.htm (2018.8.23. 최종방문)

허가특허연계제도는 제네릭의 시장진입을 촉진시키기 위한 것도 있지만 특허권자의 권리강화를 기본으로 한다. 한미 FTA의 협상과정에서 우리정부의 안은 허가특허연계제도를 도입하지 않거나, 어쩔 수 없이 도입해야 한다면 통지제도만을 도입하는 것이었다고 한다. 타 산업분야에 비해 영세한 우리나라 제약산업의 현실을 고려한 것으로 생각된다. 그러나 미국 측의 강력한 요청에 의해 시판방지를 위한 조치까지 도입할 수밖에 없었다고 하는데, 본 제도의 도입에 대해서는 우려와 기대가 엇갈렸다. 우리나라 제약 산업에 상당한 피해를 초래할 것으로 예상되고, 이로 인하여 의약품 가격이 상승하고 의료보험 재정 부담이 증가할 것이라고 우려하는 견해가 있었던 반면, 제네릭의 시장진입이 앞당겨지는 결과를 가져올 수 있다는 긍정적 견해도 있었다. 이에 더 나아가 본 제도의 도입이 우리나라의 제네릭 제약기업이 이스라엘의 테바(Teva)나 인도의 란박시(Ranbaxy)와 같은 글로벌 기업으로 성장할 수 있는 계기를 제공할 것이라는 견해도 있었다.

우리나라에서 허가특허연계제도가 본격적으로 시행된 지도 벌써 3년이 지났다. 비록 동 제도의 도입이 국내의 제약산업 환경의 필요에 따른 자발적인 도입이었다기보다는 한미 FTA 이행입법으로 어쩔 수 없이 도입된 측면도 있고, 제도초기 특허심판이 급증하는 등 시행착오도 있었지만, 동제도는 본격 시행된 지 3년을 지난 현시점에서 어느 정도 긍정적으로 정착된 것으로 평가된다.

다만, 법과 제도가 상이한 미국에서 유래한 동 제도를 한국의 현실에 맞게 설계하기 위해 애쓰다 보니, 법이 지나치게 복잡해진 반면 실제 사안에 적용 시에는 법률의 공백이 생기거나 부작용이 나타나는 일도 발생하게 된다. 이는 제도시행 초기에는 나타날 수밖에 없는 것이라는 점을 고려하여 향후 우리나라 제약산업의 현실에 맞게 바람직한 방향으로 제도를 정착시켜 나갈 필요가 있다.

이를 위해서는 먼저 미국의 허가특허연계제도는 대립하는 양 당사자의 오랜 기간에 걸친 대타협의 결과물이라는 점을 상기할 필요가 있다. 미국은 양자 간 또는 다자간 협상을 통해 지식재산권의 보호수위를 계속해서 높여 왔으나 자국의 입법에서는 보호수위의 강화와 함께 이용활성화를 위한 방안을 동시에 고려함으로써 지식재산권 창출자의 권리와 이를 이용하고자 하는 이용자의 접근권이 균형을 이룰 수 있도록 배려해 왔다. 이는 의약관련 지식재산권의 대표적 규정인 Hatch-Waxman Act의 목적이나 내용을 보더라도 잘 알 수 있다. 반면 제3국과의 협상에서는 자국수준의 높은 지식재산권 보호수위만을 요구함으로써 미국과 법제가 다른 나라가 해당 요구수준만큼 보호의 수위를 높일 경우 권리자의 권리와 이용자의 접근권이 부조화를 이루는 문제가 발생할 수 있다. 따라서 강화되는 권리자의 보호수위만큼 이용자의 접근권이 보장될 수 있도록 법과 제도를 정비하고, 법의 해석에 있어서도 양 권리가 적절히 조화를 이룰 수 있도록 하는 운영의 묘미가 필요하다.

또한 우리사회가 왜 새로운 기술을 공개한 자에게 특허권을 부여하는지에 대해서도 생각해 볼 필요가 있다. 독점은 경쟁을 저해하는 것이어서 독점규제법에 의해서 금지되는 것이 원칙이다. 따라서 독점권부여의 정당성이 인정되기 위해서는 또다른 사회적 합의가 필요한 것이다. 새롭고 유용한 기술을 개발하고 공개한 자는 당연히 특허를 받을 수 있는 권리가 있는가? 특허권은 독점배타권이어야 하는가? 특허권의 존속기간은 20년이어야 하는가? 이는 모두 사회적 합의에 기초한 정책적 판단의 문제이다. 원래 지식이나 정보는 만인을 위한 만인의 것이어서 누구나 자유롭게 이용할 수 있는 것이어야 하지만 정책적 합의에 의해 독점권을 부여하는 것이고, 20년이라는 기간 또한 사회적 합의에 의해 정해진 기간인 것이다. 즉 20년이라는 기간보다 더 짧게 보호하는 경우에는 신기술 창조를 위한 충분한 인센티브가 될 수 없고, 20년보다 더 긴 경우에는 기술의 원활한 이용에 방해가 된다는 사회적 합의에 의해 20년

간의 독점권 부여가 이루어진 것이다. 따라서 구체적 제도설계에 있어서 가장 관건이 되는 것은 의약품허가특허연계제도의 도입이 제약산업이 새롭게 도약하는 디딤돌이 될 수 있도록, 특허권자 · 제네릭 사업자 · 소비자를 포함한 모든 사회구성원 간의 정책적 합의를 도출해 내는 것이라고 생각된다. 도출된 합의를 기반으로 정부 내 관련 부처와 유관기관들이 협조하여 제도의 바람직한 정착을 위해 노력할 필요가 있다.

제2절 향후의 과제

1. 새로운 개념에 대한 정의 규정 도입

(1) 문제 제기

의약품 허가특허연계제도는 새롭게 도입된 제도로서, 원활한 제도 운영을 위해서는 주요한 개념의 경우 새롭게 명확히 정의되어야 할 필요가 있다. 우선 제도 운영의 기본 전제인 '제네릭 의약품 허가신청'에 대한 법적 정의가 필요할 것이다.

(2) 현황 및 내용

현행 약사법은 '제네릭 의약품 허가신청'에 대하여 별도로 규정하지 않고 있다. 예컨대 의약품특허목록에의 등재는 약사법에 따른 의약품 품목허가를 받은 의약품을 대상으로 한다고 규정하여, 등재대상 의약품에 신약 또는 제네릭 여부를 구분하지 않고 있다.[2] 실제 의약품 특허목록에 등재된 특허 중 일부는 제네릭 의약품[3] 또는 개량신약에 대한 특허로 알려지고 있다. 이는 우리나라

2) 반면, 미국의 경우 오렌지북에의 등재는 신약에 대한 특허만이 해당된다.

의 경우 신약에 대한 허가절차와 제네릭·개량신약 등에 대한 허가절차가 동일한 프로세스에 의해 진행되므로 그 구분이 사실상 어렵고, 특허권은 신약과 개량신약을 구분하여 보호되는 것이 아니므로 허가-특허연계제도의 본래 취지를 고려할 때 신약과 개량신약을 구분하는 것이 타당하지 않으며, 국내 제약기업들의 특허가 개량신약 등과 관련된 경우가 제법 많다는 점 등이 고려된 것으로 판단된다.

한편 통지 및 시판방지 등의 대상이 되는 의약품에 대하여는 "등재된 의약품의 안전성·유효성 자료를 근거로 제조판매품목허가를 신청한 의약품"으로 규정하여 내용을 서술적으로 표현하여 다소 복잡하게 사용하고 있으며, 그 대상도 제네릭 의약품[4]에 한정하지 않고 있다. 또한 다른 규정에서는 "제50조의4에 따라 통지된 의약품" 등으로 사용하여 별도의 정의 규정을 두고 있지 않다. 이는 현행 약사법이 제네릭 의약품 및 개량신약 등에 대한 명확한 정의를 하고 있지 않은 상태에서[5] 일반적 의미의 정의를 두는 경우 허가특허연계제도 이외의 약사법 내 다른 사항에 대하여도 적용될 수 있어 혼란이 발생할 수 있다는 우려에서 새로운 개념 정의를 꺼린 것으로 보여진다.

3) 현행 약사법 규정에 따르면 특허권자가 제네릭사에게 실시권을 허여하여 제네릭을 생산하고, 그 특허권을 제네릭 의약품에 근거하여 등재를 신청하는 경우에도 등재가 인정된다.

4) 오리지널(original) 화학 합성의약품에 대비되는 말로 과거에는 '카피약' 또는 '복제약'이라고도 불렀다. 오리지널 약품의 특허가 만료됐거나 특허가 만료되기 전이라도 물질특허를 개량하거나 제형을 바꾸는 등 모방하여 만든 의약품을 말한다(출처: 한경경제용어사전).

5) 약사법상 개량신약은 의약품의 품목허가·신고·심사규정(식약처고시 제2013-238호) 제2조(정의)에서 정의되고 있으나, 제네릭 의약품의 경우 제27조(안전성·유효성 심사자료 제출 범위)의 해석에 의해 인정되는 개념으로 볼 수 있다.

(3) 개선 검토 및 제안 사항

상기와 같은 이유에도 불구하고 새로운 제도가 도입되면, 그 제도의 운영을 위해 필수적인 요소에 대하여는 명확히 정의하는 것이 제도 운용에 있어 혼란을 최소화하고, 국민들의 법률 접근성을 제고하는 것이 된다. 한편 새로운 용어 도입에 따른 타 규정과의 혼란 발생 우려는 적용의 제한 등을 통해 최소화할 수 있으므로, 정의규정을 도입하지 않아야 하는 이유로 인정되기는 어렵다. 따라서 의약품 허가특허연계제도의 기본 요소인 제네릭 의약품 허가의 개념을 "자료의존품목허가"로 정의하여, 약사법 제2조(정의)에 아래와 같이 추가 도입할 것을 제안한다. 이를 통해 약사법의 규정들이 조금 더 간결 · 명확해지고, 국민들이 보다 쉽게 이해할 수 있을 것으로 기대한다.

제2조(정의) 이 법에서 사용하는 용어의 뜻은 다음과 같다. 20. "자료의존품목허가"란 제31조 제2항 또는 제3항에 따라 제조판매품목 허가를 받은 의약품의 안전성 · 유효성에 관한 자료에 의존하는 제조판매품목허가를 말한다.

2. 의약품 허가특허연계제도 관련 특별행정심판의 도입

(1) 검토 배경

의약품 허가특허연계제도의 운영과정에서 행해지는 처분은 형식과 내용에 있어서 약사법상 다른 처분과는 구별되는 매우 독특하고 전문적 특성을 지니고 있고, 제도의 특성상 경제적 이해관계가 얽혀 있어 행정청의 처분에 만족하지 못하고 불복하는 경우가 매우 많다. 이에 비해, 현행 제도하에서는 의약품 허가-특허연계제도에 대한 고유의 불복절차가 없고, 이와 관련된 처분에 대한 불복은 행정심판 또는 행정소송에 의하여 수행하게 되어, 제도가 가지는 전문성과 특수성을 반영하는 데 어려움이 존재한다.

(2) 특별행정심판기구 설치 필요성

의약품 허가특허연계제도에 대한 쟁송은 전문성 및 제도적 특수성 등으로 인해 고유의 분쟁해결절차가 필요하다고 하며, 이러한 고유의 절차에 의할 때만 청구인의 권리구제가 충분히 이루어질 수 있다.

특별행정심판기구는, 첫째, 판단기관의 전문성 측면에서 필요하다. 허가특허연계제도는 허가와 특허가 결합된 특수한 분야이므로 절차의 효율성 측면에서 양쪽에 대한 지식을 가진 전문가가 필요하다. 만약 판단기관의 전문성이 부족하면 실질요인보다 형식요건 중심으로 검토되고, 처분청의 의견이 중시되어, 청구인의 권리구제에 오히려 미흡한 현상이 발생하게 된다.

둘째, 절차의 신속성 도모 측면에서도 필요하다. 판매제한기간 및 우선판매품목허가 기간이 최장 9개월로 설정되어 있어, 그 처분에 대한 불복이 있는 경우 신속한 결정이 이루어지지 않으면, 쟁송제기의 존재 의미가 퇴색하게 된다. 전문 심판위원회의 경우 관련 사건만을 전담하므로, 다양한 사건이 누적되어 있는 지체 현상[6]을 보이고 있는 일반 행정심판위원회에 비해 훨씬 더 신속한 처리가 가능하다.

셋째, 절차의 특수성 측면에서 특별행정심판 기구는 필요하다. 문제의 실질적 해결이 가능한 절차가 구비된 행정심판 도입이 필요한 것이다. 현행 행정심판에서는 식약처의 판매제한처분에 직접 영향을 받는 오리지널사와 제네릭사가 당사자 대립구조를 형성할

6) 중앙행정심판위원회의 2013년 심판처리기간은 평균 72.29일이며, 90일이 넘게 소요된 경우도 4,316건에 달한다(2013년 국민권익백서, 463쪽). 특히 의약품 허가특허연계제도 관련 행정심판의 경우 가장 빠르게 처리된 사건이 84일, 가장 오래 걸린 사건은 307일 만에 재결이 이루어졌다.

수 없는 반면, 허가특허연계제도의 분쟁은 실질적 이해관계를 가진 자들 간의 대심구조화[7]의 특성을 가지는바, 절차적 권리를 보장하기 위해서는, 오리지널사와 제네릭사가 심판의 당사자로서 대등하게 서면, 증거 등을 제출할 수 있어야 한다. 즉, 당사자계 심판 절차 마련을 통해 이해관계자들이 자신의 이익을 적극적으로 주장할 수 있는 실질적인 준사법절차 확보가 가능한 것이다.[8]

(3) 설치 방안

특별행정심판기관으로 「의약품허가특허심판위원회」를 설치하고, 위법·부당한 처분, 권리나 이익의 침해가 있는 경우, 등재무효의 경우 등재요건 또는 등재신청자 적격을 불만족하는 경우를 청구사유로 하며, 청구기한은 일반적으로는 처분서 등을 받은 날로부터 30일 이내이나, 등재무효 및 우선판매허가 취소는 청구의 이익이 있으면 언제나 가능토록 한다. 심판 종류 및 유형을 6가지로 구별하고, 심판의 제기는 임의전치로 하며 그 불복을 행정소송절차에 의하도록 하는 방안이 검토될 수 있다.[9]

---

7) A 제네릭사에 대한 독점권부여 결정에 대해 B 제네릭사가 불복하는 것이 가능한 등 제3자에 대한 처분에 대해 불복하는 것이 일반적이라 볼 수 있다.

8) 특별행정심판절차가 필요하다는 입장에 비해, 심판기구의 객관성 및 독립성 보장의 어려움, 국민의 재판청구권 및 법원 권한의 침해 소지, 현행 행정심판체계에 반하는 구조를 인정하기 어렵다는 점 등이 특별행정심판 설치를 반대하는 논거로 제시될 수도 있다.

9) 이에 비해 특허심판과 동일하게 특별행정심판을 1심 갈음형으로 운영하고, 그 불복을 특허법원에 제기할 수 있도록 하는 방안도 검토될 수 있다.

〈표〉 허가특허연계제도의 대표적인 심판 종류

	청구인	피청구인	비고
등재거절처분 취소	등재신청인	식약처	결정계
등재처분 취소 · 무효	이해관계인	등재의약품의 품목허가를 받은 자	당사자계
판매금지거부처분 취소	등재의약품의 품목허가를 받은 자	후발의약품 허가신청자	당사자계
판매금지처분 취소 · 무효	후발의약품 허가신청자	등재의약품의 품목허가를 받은 자	당사자계
우선판매품목허가 부여 거부처분 취소	우선판매 품목허가 신청자	식약처	결정계
우선판매품목허가 부여처분 취소 · 무효	이해관계인	우선판매 품목허가 신청자	당사자계

3. 향후의 방향성

앞서 살펴본 바와 같이, 앞으로 해결해야 할 다양한 문제들이 남아 있다. 그 밖에도, 바이오의약품을 허가특허연계제도의 대상으로 보아야 할 것인지와 관련해서 한 · 미 FTA의 상호이행 또는 바이오의약품의 특수성 관점에서 검토의 여지가 있다. 아울러 동 제도는 기본적으로 특허권의 보호강화와 특허도전을 통한 제네릭 시장진입 촉진이라는 두 가지 축으로 이루어지는 관계로, 특허권자가 판매금지조치를 한 후 특허가 무효 또는 비침해로 판명될 경우, 특허권자의 시장진입 방해책임을 어떤 식으로 물을 수 있을 것인지(후발의약품 진입지연에 대한 책임), 반대로 특허심판원에서 승소 심결을 받은 후 특허법원 또는 대법원에서 이와 반대되는 판결이 나오는 경우 특허심판원의 심결을 근거로 시장에 진입한 제네릭의 손해배상책임(오리지널의 약가인하 또는 시장잠식으로 인한 손해배상책임)을 물을 수 있을 것인지에 대한 질문에도 답이 필요할 것으로 생각되나, 이 의문에 답하기 위해서는 앞으로도 많은 시간이 필요할 것으로 생각된다.

외국의 움직임에도 주목할 필요가 있다. 지금까지 동 제도를 도입한 국가는 미국과 FTA를 체결한 몇몇 국가들에 한정되었지만, 최근에는 도입을 추진하는 국가들이 늘고 있다. 최근 대만은 약사법을 개정하여 허가특허연계제도를 도입한 바 있고, 중국 또한 동 제도 도입에 대한 적극적인 움직임을 보이고 있다. TPP 최종 협정문 제18.53조는 비록 완화된 형태이기는 하나 허가특허연계제도를 규정하고 있는바, 향후 협정국들의 국내법 이행에 대해 주목할 필요가 있다.

제3절 세계시장을 향하여

의약품 분야는 소수의 다국적 제약사가 시장을 주도하고 있다. 노바티스, 화이자 등 상위 10대 기업이 세계 의약품 시장의 40%를 점유하고 있다. 국내 시장은 전 세계 의약품 시장의 약 2%를 차지하는 것에 불과하여 국내시장 개척만으로는 글로벌 제약회사로 성장하는 것이 거의 불가능하고, 적극적으로 글로벌 시장진출을 모색할 필요가 있다.

특히 바이오헬스 산업은 최근 고성장하는 신산업으로, 고령화, 건강에 대한 관심 증대, ICT 융합 등으로 향후 10년간 연평균 5.9%씩 성장이 예상되며, 오는 2025년이 되면 그 규모가 14조 원을 넘을 것으로 추정되고 있다. 이 중 의약품 분야는 연평균 4.1%씩 상승해 오는 2025년에는 1조 3918억 달러 규모가 예상된다. 다만, 한국은 3차산업혁명 시기에 ICT기술의 선두주자였으나 4차산업혁명에서는 의료융합 과정에서의 여러 가지 장벽으로 인해 선두권에서 많이 뒤처지고 있다는 지적도 있고,[10] 우리나라 제약산업은 반도체 등 타 분야와 비교하여 상대적으로 영세하고 글로벌 경쟁력 측면에서도 큰 역량을 발휘하고 있지 못한 것이 현실이다. 그러나 최근에는 국내 제약기업들의 글로벌 진출과 해외 라이센싱 계약이 증대되고, 미국 FDA의 허가를 받은 임상시험이 25건, KDDF를 통해 지원된 해외 임상2상 개발 과제만 8건에 이른다.[11]

게다가 우리나라는 그동안 허가특허 연계제도를 시행한 경험이 있어서 전략적인 측면에서도 다른 나라의 제약기업에 비해 유리한 위치를 차지하고 있다고 생각된다. 향후 퍼스트 제네릭의 개발 검토 시 국내시장뿐 아니라 외국시장, 특히 허가특허제도를 우리에 앞서 시행하고 있는 미국시장의 진출가능성 또한 염두에 둘 필요가 있다. 미국은 180일의 제네릭 독점기간 동안 전체 제네릭사들이 취할 수 있는 이익의 70~80%를 가져갈 수 있기 때문에 제네릭 독점권을 취득하기만 하면 미국제약회사와의 위탁계약 등을 통해 판로가 보장된다고 할 수 있다. 국내 제약기업들은 그동안 다국적 제약기업과의 소송을 통해 특허분석능력과 소송능력을 배양해 왔다. 우리나라 제약기업 중 미국 FDA에서 제네릭 허가를 받아본 기업은 아직 없지만 허가-특허 연계제도를 잘 활용하면 충분한 가능성이 있다고 판단된다. 퍼스트 제네릭이 되기 위해서는 정해진 시간 내에 허가준비를 완료해야 하고, 이를 위해서는 연대 및 협력이 필요하다.

한편, 최대 의약품 시장은 아직까지 단연 미국이지만 중국은 새

---

10) 2017 글로벌바이오컨퍼런스(2017.6.28.~30).

11) 김태억 (재)범부처신약개발사업단 사업본부장의 전문가 기고 내용 참조. http://www.healthmedia.co.kr/news/articleView.html?idxno=60757 (2018.8.23. 최종방문)

로운 시장으로 떠오르고 있고, 특히 2017년 3월 중국 식의약품감독국(CFDA)이 수입 의약품 등록에 관한 개정안을 발표함으로써 외국 제약사의 중국 내 진입이 가속화될 전망인바, 중국 시장에 대한 연구와 대책마련도 요구된다.

찾아보기

허가특허연계제도 강해

| 저자 소개 |

신혜은申惠恩

정화여자고등학교 졸업 / 서울대학교 약학대학 졸업
고려대학교 법학석사 / 고려대학교 법학박사

경력

충북대학교 법학전문대학원 교수(현) / 국가지식재산위원회 민간위원(현)
식약처 중앙약사심의위원회 위원(현) / 법제처 법령해석심의위원회 위원(현)
중앙행정심판위원회 위원(현) / 중국 서북대학 객좌교수(현)
한국특허법학회 회장 역임 / 변리사시험위원 / 사법시험위원 역임
중국 중남재경정법대학 파견교수 / 일본 지식재산연구소 초빙연구원

정용익鄭鏞益

강서고등학교 졸업 / 고려대학교 법학과 졸업
충남대학교 대학원 법학석사 / 고려대학교 대학원 법학박사

경력

제43회 행정고시 합격 / 산업자원부 / 국무총리실 지식재산전략기획단
특허청 / 식품의약품안전처(현)

박종혁朴鍾爀

대일고등학교졸업 / 중앙대학교 약학과 졸업
중앙대학교 대학원 약학석사 / 중앙대학교 대학원 약학박사

경력

제35회 변리사 시험 합격 / 와이에스장합동특허법률사무소 대표변리사(전)
박종혁특허법률사무소 대표변리사(현) / 대법원 전문심리위원(전)
특허청 특허기술상 심사위원(현) / 식약처 중앙약사심의위원회 전문가 위원(현)

허가특허연계제도 강해

2018년 11월 20일 초판 인쇄
2018년 11월 30일 초판 발행

저 자 신혜은 · 정용익 · 박종혁
발행처 한국지식재산연구원
편집 · 판매처 세창출판사

한국지식재산연구원

주소: 서울시 강남구 테헤란로 131 한국지식재산센터 3, 9층
전화: (02)2189-2600 팩스: (02)2189-2694
website: www.kiip.re.kr

세창출판사

주소: 서울시 서대문구 경기대로 88 냉천빌딩 4층
전화: (02)723-8660 팩스: (02)720-4579
website: www.sechangpub.co.kr

ISBN 978-89-92957-82-3 93360

정가 22,000원